THE PSYCHOLOGY OF MUSIC

A VERY SHORT INTRODUCTION

音楽心理学ことはじめ

音楽とこころの科学

エリザベス・ヘルムス・マーギュリス 著
二宮克美 訳

福村出版

The Psychology of Music: A Very Short Introduction
by Elizabeth Hellmuth Margulis
was originally published in English in 2018.
This translation is published by arrangement with Oxford University Press.
Fukumura Shuppan Inc. is solely responsible for this translation from the original work and
Oxford University Press shall have no liability for any errors, omissions or inaccuracies or
ambiguities in such translation or for any losses caused by reliance thereon.

——今はまだとても素っ気ないニコライ、ユーゴーとアレクサンダーに、
そして、我慢強かったためしがないマーティンに

謝　辞

最終版の間違いの責任はすべて私自身にありますが、初期の原稿を読んで、有益なフィードバックをしてくれたロバート・イエディンゲン、エリン・ハノン、ダニエル・ミュレンジーフェン、カーメル・ラズ、レニー・ティンマースに感謝します。マーティン・ミラーとテオドール・ヘルムスは、完成稿に貴重なコメントをしてくれました。アーカンソー大学の「音楽とこころ」の専攻ゼミの学生たちは、何年にもわたりこの本の内容と中心点を形づくるのを助けてくれました。アーカンソー大学の長期休暇がこの本の完成を可能にしてくれました。

第4章　正しいテンポで聴くこと　79

第5章　音楽演奏の心理学　101

第6章　人間の音楽性　125

第7章　音楽への熱望　149

第8章　音楽心理学のこれから　171

第 1 章

音楽心理学の理論と実践

音楽は人間の行動であると思える、それが最も受け入れやすい説明でしょう。世界中の人々は音楽を楽しみ、平均的なアメリカ人は一日に四時間音楽を聴きます。しかし、私たちは音楽について語るのはあまり得意ではありません。こうしたことばによる解説への抵抗感から、一部の哲学者たちは、音楽は単純には言いあらわせないと示唆しています。「音楽について語ることは、建築についてダンスすることに似ている」[1]というF・ザッパ[2]からT・モンク[3]にいたる人々に起因する一つの名言に行き着きます。

しかしこの難しさは、何世代にもわたり多様な様式の思考を用いて音楽を解明しようとすることを止めることはありませんでした。少なくともピタゴラスの時代から、人々は音楽の構造を数学の視点から理解しようとしてきました。音楽学者と民族音楽学者は、その代わりに、音楽を人間の歴史と文化の産物と考えています。

音楽心理学は、また異なった枠組みを提供します。人間のこころの産物として音楽をみるのです。この見方の強力な利点は、心理学が認知過程についての明確な報告を求めることなく、認知過程を暗黙に研究する賢いツールを発展させてきたことにあります。たとえある人が自分の音楽体験をことばで記述できなくても、心理学者はそうした体験を可能にしたこころの過程を推論するために、神経画像を使用したり行動の課題についての反応時間を使用したりすることができるのです。

音楽心理学は、行動研究の技法だけでなく、認知科学として集合的によく知られた広範なアプローチのコレクションも利用します。音楽の認知科学は、哲学、音楽理論、実験心理学、神経科学、人類学からのアイディアを統合し、人間生活における音楽の役割についての大きな（そして小さな）疑問に答えるためにコンピュータによるモデル化をします。たとえば、哲学者は音楽経験の現象学（音楽を聴くことで何を感じるかを特徴づけること）について理論化するでしょうし、この理論は行動テストにひらめきを与えるかもしれません。音楽理論学者は、何千もの歌曲にあらわれるパターンを識別するでしょう。神経科学者はこのパターンに対する諸反応を調べるでしょう。

この学際的で協力的な心意気にもかかわらず、音楽の研究（通常の授業科目一覧では人間中心的な話題）に科学的な方法論を応用することは、還元主義と非難され、複雑な話題が極度に単純な方法で検討されうるという疑いをもたれる危険があります。たとえば、音楽心理学の多くの研究の実験協力者は、北アメリカ、ヨーロッパ、オーストラリアの大学生です。標準的な音楽心理学の研究において、実験協力者は西洋の調性音楽（長調や短調で書かれたたぐいの音楽）の抜粋曲に反応します。それはロンドンやシカゴのコンサートホールやラジオで聴く種類のものです。もしこのような研究が、普遍的な音楽プロセスの唯一の証拠と受け取られるなら、人間の知覚において文化が果たしている意味深い役割を認識しそこなうでしょう。

（1）“Writing about music is like dancing about architecture.”：この名言はザッパによるものとされる。
（2）フランク・ザッパ（Frank Zappa, 1940-1993）：アメリカ合衆国出身の作曲家、前衛ロック・ミュージシャン、シンガーソングライター、ギタリスト。
（3）セロニアス・モンク（Thelonious Monk, 1917-1982）：アメリカのジャズ・ピアニスト。即興演奏における独特のスタイルと、数多くのスタンダード・ナンバーの作曲で知られる。

音楽心理学という学術は、人間の音楽的能力についての問いに厳格な科学的方法をもたらします。また、洗練された人間中心主義的なアプローチを、科学をフレーム化し解釈するために応用します。こうした技法を組み合わせることで、音楽心理学は次のような問いに取り組むことができます。

- 音楽的とは何を意味するのでしょうか。
- ある人たちはその他の人たちより音楽的なのでしょうか。もしそうなら、それはなぜでしょうか。人以外の動物は音楽的でしょうか。
- 生物学から生じる音楽性の側面は何で、文化からの側面は何でしょうか。
- 音楽のトレーニングや経験は、記憶するための言語獲得から健康までの範囲にわたる人生の他の面にどのような影響を与えるのでしょうか。
- なぜ人は音楽がそんなに好きなのでしょうか。音楽を聴いたり、演奏したりするよう動機づけるのは何でしょうか。なぜ人は異なる音楽を好むのでしょうか。
- 音楽はどのように人をいい気持ちにさせるのでしょうか。
- どのような点で音楽の機能はことばと似ているのでしょうか、あるいは異なっているのでしょうか。
- ある演奏が素晴らしいのに、他の演奏はそうでないのは、何がそうさせているのでしょうか。
- 音楽的なスキルや好みは、幼児期から高齢期までの一生涯にわたり、どのようにして獲得されるのでしょうか。

・ある音楽はなぜ人を動きたくさせ、踊り出したくさせるのでしょうか。

こうした問いの多くは、少なくとも私たちが記録してきた限りでは、答えを求められてきました。こうした問いに関する今日的な観点を理解するために、これらがどのように歴史の過程で出現してきたかを考えることは役に立つでしょう。

音楽とこころについて考えることの歴史

紀元前六世紀のはるか昔、哲学者たちはある音符のペアがなぜ良く響き、あるいは調和し、他のペアはそうでないのかに、頭を悩ませていました。言い伝えによれば、ピタゴラスは鍛冶屋で、ハンマーで鉄を叩くとき、協和音程を生み出すハンマーの重さは二対一とか三対二のような単純な整数比によってお互い関連している傾向があることを発見しました（振動する弦の長さに対しては、この整数比は実際に正しいのですが、振動する金属の重さにはあてはまりません）。この発見は、音楽の知覚は基本的な数学的真実に根ざしていることを意味しているように思われ、天体物の軌道によって発せられた「天球の和声」の響きだと当時は理解されていました。知覚された協和音が神聖に定められた数値的関係と結びつけられることによって、この見方は魅力的で整然としたスタンスを提示しました。そのスタンスとは、おそらく音楽経験は、人間存在の乱雑さよりもむしろ純粋な数学の領域を研究することにより理解されうるというものでした。紀元前四世紀のギリシャの哲学者アリストクセノスは、数値的関係から人間の感覚・知覚体系へ焦点を移行する実証的アプローチを採用しましたが、彼の研究は大きな関心を得られませんでした。

音楽を研究するとき、人を方程式で因数分解したくなるような誘惑は、古代ギリシャだけに存在したことではありません。人々は、どんな音楽が良い響きかについて一致しないし、何を音楽としてカウントするかについてさえも一致しません。こうした意見や知覚を迂回することは、問題をかなり単純なものにしてしまいます。二一世紀に入った今でも、何人かの音楽理論家は、音楽を創造したり聴いたりする人間とは独立した分析をすることに従順であり、音楽を抽象的構造の収集体として概念化しています。音楽心理学の基本的な貢献は、この話題に関する研究の問いの中心に、音楽を作り、聴く者として人間を位置づけることです。

一六世紀の科学的革命は、合理主義者の観点に最初の重要なひび割れをもたらしました。月、太陽、惑星は、地球のまわりの円軌道をたどるのではないことを発見した天文学者は、天球の音楽という哲学的な土台に風穴をあけました。V・ガリレイ(4)は、単純な整数比と知覚されていた協和音の関係は、ある状況下のある素材に対してのみ維持されることを示しました。たとえば、この関係は、一緒につま弾いたときに良い音に聴こえる弦の長さにはあてはまりますが、一緒に鳴らしたときに良い音に聴こえる鐘の音量にはあてはまらないのです。一六〇〇年までに、F・ベイコン(5)は音楽について、黄金比の地上における明示という観点ではなく、情動を伝達するきわめて人間的な過程という観点から論じています。R・デカルト(6)は、その直後に、単純比は快適なものであるという考え方をしました。なぜなら感覚システムは複雑なものより単純なものを効果的に処理するからです。

しかし、人間のリスナー、すなわち音楽を聴く人々に焦点を移行することにおいてでさえ、学者たちは還元主義の訴えに影響されなかったわけではありません。一八世紀ならびに一九世紀の最も影響力のある音楽学者J－P・ラモー(7)やH・リーマン(8)などの何人かは、まだなんとか音楽的構造をある一組の法則から不可避的に生じていると表現していました。その法則は音響的というよりも知覚的であるとして新たに投じられたものです。彼らは、音程を構成する西洋の様式が最も重要であると主張しました。その様式は、音の物理学と耳の生理学的特徴の相互作用に帰属するというものです。H・ヘルムホルツ(9)の一八六三年の学術論文の題名『音楽理論の生理学的基礎としての音の感

(4) ヴィンチェンツォ・ガリレイ(Vincenzo Galilei, c.1520–1591)：イタリアのリュート奏者、作曲家、音楽理論家。天文学者・物理学者のガリレオ・ガリレイと、リュート奏者で作曲家のミケランジェロ・ガリレイの父。

(5) フランシス・ベイコン(Francis Bacon, 1561–1626)：イギリスの哲学者、神学者、法学者、政治家。

(6) ルネ・デカルト(René Descartes, 1596–1650)：フランス生まれの哲学者、数学者。

(7) ジャン＝フィリップ・ラモー(Jean-Philippe Rameau, 1683–1764)：バロック時代のフランスの作曲家・音楽理論家。

(8) フーゴー・リーマン(Hugo Riemann, 1849–1919)：ドイツの音楽理論家、作曲家。

覚について』には、当時の研究者たちの抱負が要約されています。

ヘルムホルツの後に続く科学者たちは、音楽のような明確な形のない話題に方法論的厳格さを適用することにすっかり魅了されました。この厳格さを達成するために、科学者たちは単純化された人工的な刺激（現代の研究者が「ビープ音とブープ音」と軽蔑的に言及するもの）を、文脈なしで一時に一つ提示するといった実験を行いました。おそらく当然のことながら、この研究は音楽家の想像力をとらえることはありませんでしたし、大部分は音楽のより広い実践に適切な洞察を提供することもありませんでした。

この動向に対する例外は、二〇世紀への変わり目の頃の、R・ウォーランシェックによる研究にあります。彼は、拍子（正確な速さで刻まれた音の構成）という高いレベルの音楽の話題や、コンサートホールでクラシックのコンサート客によく提供されるプログラム解説を検討するのに神経学を用いました。ウォーランシェックは、プログラム解説は努力の浪費であると論じました。なぜなら、知的情報と情動的情報は脳の異なるチャンネルで処理され、最大限の合理的な分析をしたとしても一曲についての人の基本的な情動経験には影響しないからです。しかし、この推測はのちの研究で否定されました。もっとやっかいで同じような誤りは、ウォーランシェックが、アフリカ音楽よりもヨーロッパ音楽の方が卓越しているとする彼の見解を解明するためにも神経学に訴えたことです。

二〇世紀初頭のこうした二つの対立する動向――ほとんど音楽に関連しない低いレベルの現象

を厳格に研究する一方で、ほとんど文化的意識なしで高いレベルの現象を研究している——は、音楽心理学が現在でも切り抜けようとしている双子の危険性を確立しています。日常的な音楽がもつ複雑性を避け、その代わりに周到に統制された合成の刺激を用いる研究は、現実世界の音楽行動に光を当てることに失敗しかねません。実際の音楽体験を目指した研究は、（適切に枠組みされ人間学的な素養のもとで解釈されなければ）文化的に誤った推測に、科学というお墨付きを誤って与えることになるでしょう。

二〇世紀初頭の心理学者C・シーショア[10]の研究は、創造的で実質的な影響を与えましたが、この両方の危険性を例示しています。シーショアは、人々の個人の音楽的潜在力を査定するテストを考案しました。[11]このテストは、二つの音を聴いて、どちらの音が高いかを判断する課題や、三つのカチッという音を聞き、初めの二音と後の二音との間ではどちらの間隔が長いかを判断するといった課題を含んでいました。テストは、一九二二年にアイオワ州デモインの小学校五年・六年のすべ

（9）ヘルマン・フォン・ヘルムホルツ（Hermann von Helmholtz, 1821–1894）：ドイツ出身の生理学者、物理学者。論文の原題は、*Die Lehre von den Tönempfindungen als physiologische Grundlage für die Theorie der Musik* (1863)。

（10）カール・シーショア（Carl Seashore, 1866–1949）：アメリカ・アイオワ大学。一九一九年にシーショア音楽才能尺度（Seashore Measures of Musical Talent）を開発した。

（11）シーショアのテストは、*Scientific American* の次の論文で見られる。H. Cary (1922). Are you a musician? *Scientific American*, Dec.: 376-377.

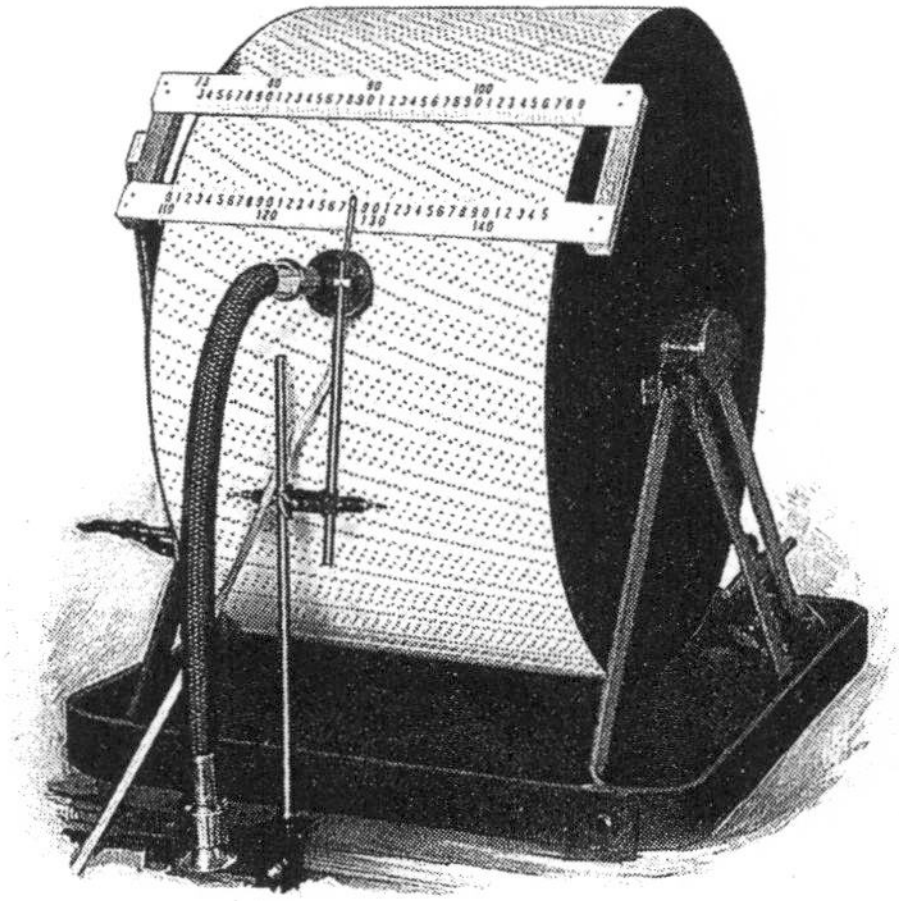

図1　C・シーショアのトノスコープ

シーショアは、歌唱のピッチの音響的特徴を記録し測定するためにトノスコープを発明しました。「音楽的才能」を識別するために計画されたテスト・バッテリーの構成要素の一つです。

[Seashore (1902). “A voice tonoscope”. *Iowa State Psychology* III.]

ての子どもに実施され、*Scientific American* 誌で「ほぼ完璧」と称賛されました。シーショアは、自分のテストは、潜在的な音楽的才能があるならば農家の男の子でも、楽器の訓練を受ければ広い音楽の世界につながるチャンスを得ることも可能とするものだといった楽観的な展望を明確に表現しました。しかし、テストは悪意ある選別の目的で実施されました。*Scientific American* 誌の論文は、「音楽家に決してなれないアメリカの子どもたちに巨額のお金を浪費させる」ために、テストには「巨大な経済的重要性」があると宣伝しました。言い換えれば、子どもが合格しなければ、音楽の劣等生の演奏をわざわざ締め出すのに、なぜ時間とお金を浪費するのか、ということです。

音色とカチッという音のような単純な刺激を用いたシーショアのプロジェクトは、それだけで切り離して提示され、それらに対する反応は高いレベルの文化的現象の音楽的適性の指標であると解釈されました。科学の社会的パワーはその研究に、そうでなければぱっとせず、ほとんど調べられることのない仮定に支持を与える権威的な力を与えました。このケースでは、音楽的適性は生得的で人口の中では不均一に分布しているという仮定がありました。そこでこの研究は、誰が音楽教育を受けるべきかという問いについて、現実世界の決定を導くのに使用されました。

音楽心理学における研究は、典型的には高いレベルの興味深い概念（たとえば、音楽的適性、あるいは音楽的記憶、情動的反応）を扱うことに依拠しています。また、操作可能なものと呼ばれる過程においては、そうした概念をあらわすと受け取れる測定可能な行動を同定することにも依拠しています。その中に芸術があるのです。音楽性のような広い人間的概念と、音程弁別課題での成績のように具体的に測定可能な行動との間を行ったり来たりすることには、注意深い解釈の論理が求められます。そして、シーショアと同じように、時に間違ってしまいます。音楽心理学の歴史のすべての現象のうち、たぶんモーツァルト効果[12]の考え方ほど解釈上のずれの危険が例示されたものは他にないでしょう。

一九九三年に行われた、大学生がモーツァルトのソナタを一〇分間聴くか、一〇分間のリラクセーションの教示を聞くか、一〇分間静かな場所で座っているかした後で、空間推理課題を行うという研究がその始まりでした。モーツァルトを聴いて一〇分から一五分以内にその課題を実行した

（12）　モーツァルト効果の概念を刺激した研究は、以下の論文である。F. H. Rauscher, G. L. Shaw, & C. N. Ky (1993). Music and spatial task performance. *Nature*, 365: 611.

学生たちは、リラックスしたり静かに座っていたりした学生たちよりも空間推理の得点が高かったのです。

子どもたちの知能について親の不安があり、西洋の規範で芸術家や音楽家には特別な才能があるという広まった考え方がある中で、その研究計画の詳細は、道に迷ってしまいました。その研究は子どもを対象にしたわけでも、一般的な知能を測定したわけでもなく、著者たちは、モーツァルトを聴いた効果は一五分後には消滅すると注意深く記していたのですが、一般大衆のこころの中では、モーツァルトが子どもたちを賢くするということを科学が証明したと思われたわけです。

こうした成果を享受するのに熱心だったジョージア州の知事は一九九八年に、クラシック音楽のCDを州の新生児のすべての親に配布するよう手配しました。フロリダの議会は州立の保育所で公費でクラシック音楽を毎日流せるようにすることを提案しました。こうした善意の取り組みは、空間推理課題の短期的改善が一般的知能をあらわし、大学生がよちよち歩きの幼児をあらわすと受け取られた解釈上のずれに基づいています。なぜこうしたことが起きたのでしょうか。

一つは、科学的知見の適切性を目立たせようとするために、メディアが時として、興味を促進するものがもつ解釈上の限界を注意深く認識しないというやり方で結果を一般化するからです。もう一つは、人は今そこにある文化的語りの観点で、新しい知見を理解する傾向にあるからです。モーツァルト研究のはるか以前は、広く行き渡った文化的語りは、全般的にはクラシック音楽がもつと想定される知的卓越性を、具体的には大多数の有名な作曲家の概略を描くものでした。この枠組みの中では、モーツァルトの音楽に受動的に触れることに高尚な効果があると信じられやすかったのです。

しかし科学的な視点からみると、原論文は、静かに座ったり、リラクセーションの教示を聞いたりすることを比較条件として含んでいるために、モーツァルトやクラシック音楽が他の作曲家や他の伝統音楽に比較して相対的に有効であることについては何も示してはいませんでした。モーツァルトを聴く効果は、ベートーヴェンやR・シャンカール(13)、あるいはビートルズを聴く効果と比較してのみ、この特定の音楽に一般的な音楽よりも特別な恩恵があるということが確証されるのです。事実、これに類した研究がのちに行われ、ある程度アップビートで魅力的な音楽であれば、同じような短期の恩恵はどんな音楽でも得られることが明らかになりました。認知の成績の上昇は、モーツァルトではなく覚醒のせいでした。ルームランナーの上で活発に歩くことでも同じ恩恵が得られます。人々は刺激され集中できる状態にもちこまれれば、テストで良い成績をとれるのでしょう。

こうした後続の知見にもかかわらず、また原論文の再現に失敗したにもかかわらず、プラスティック製の赤ちゃん用おもちゃのいたるところに、押すとモーツァルトの楽曲が流れるボタンのようなものがまだあるのです。事実、「赤ちゃんモーツァルト（Baby Mozart）」は、商標登録されたブランドです。優勢的な文化的語りをつくり変えるために、科学者、ジャーナリスト、音楽家が話

（13）ラヴィ・シャンカール（Ravi Shankar, 1920–2012）：ミュージシャン、世界的シタール奏者、インドの古典音楽の巨匠。

したり書いたり、演奏したりして数十年かかりました。一般社会の理解の歩みを深めるには、データと解釈の間を行ったり来たりするのに用いられる解釈上の論理に幅広くかかわることが求められます。音楽心理学は、このかかわりを前に進めることに唯一とても落ち着いて取り組んでいます。なぜなら、この領域の学者は、すでに一九八〇年代初期から人文科学と自然科学の間の通訳という形態で参加してきたからです。学際領域間でどのようにコミュニケーションをとるかを学ぶことによって、音楽を作ったり聴いたりする一般大衆とのより良いコミュニケーションの道を開いてきたのです。

音楽とこころへの現代的アプローチ

二〇世紀初頭、実験心理学は行動を研究することの可能性に目を奪われていました。パヴロフと唾液を分泌するイヌに触発され、ハーヴァード大学の心理学者B・F・スキナーは、こころを科学的研究に馴染まないブラック・ボックスとして除外することを求めました。その代わりに、行動を厳格に測定することによって人間を理解しようとしました。しかし一九五〇年代までに、コンピュータ科学と神経科学の学問分野が並行して出現してきました。コンピュータと脳の両方を、計算を行うブラック・ボックスの中でピアリング(14)させるという一組の方法を導入しました。人々が人間の思考に関する大きな疑問に答えようとするのと同時に、心理学、コンピュータ科学、人類学、言語学、神経科学を結ぶ新しいパラダイムが認知科学として知られるようになったのです。

　こうした領域につながる大きな問いの一つが、人間のことばの性質に関係するものでした。ことばがどのように作用するのか、なぜ赤ちゃんは生後数年で、そんなに早くことばを学ぶのか。ことばに対する人間の能力に取り組んでいる人々が、興味深い比較のケースとして音楽をみるようになりました。ことばと同じように、音楽は個々の音の要素の複雑なパターンからなっています。ことばと同じように、音楽は人間文化の間で異なっています。ことばと同じように、音楽は時間の中でダイナミックに生じ、表記されることができます。間違いなく、ことばと同じように、音楽は人間に特有であるように思えます。

　音楽心理学の最新の研究は、ことばの心理学に負うところが大きく、その理論と方法の多くを採用しています。さまざまなアプローチが、この新しい研究領域の中核をなすようになってきました。コンピュータ・モデリング、コーパス研究、行動研究、認知的神経科学の方法、臨床的アプローチ、ならびに質的アプローチです。

（14）ピアリング：インターネットサービスプロバイダ（ＩＳＰ）同士が相互にネットワークを接続し、トラフィックを交換し合うこと。

コンピュータ・モデリング

人間がある課題をどのように遂行するかを見出す一つの方法は、コンピュータにそれを行うようプログラミングすることです。たとえば、どのように人々は音楽を作曲するのでしょうか。一九八〇年代の研究者たちは、バッハやモーツァルトのような作曲家のスタイルで音楽を書くことをコンピュータに試行させることによって、この問いに取り組みました。「マゼンタ」と題するグーグル社の最近のプロジェクトは、さらに野心的な目標までも掲げています。機械のパワーを活用して感動的なオリジナルの音楽をコンピュータから引き出すことを学習させるという目標です。こうしたプロジェクトは、脳はコンピュータと同じように、情報処理の機械として生産的に概念化されるはずだという考え方に依拠しています。コンピュータが魅力ある音楽を生み出すために必ず使用する方略を識別することによって、こうした努力は、どのようにして脳が同じ課題を達成するかという最初の仮説を用意します。

科学者は次のような問いに向けてもコンピュータ・モデリングを活用してきました。すなわち、音楽を聴いているとき、人々はどのビート（拍）で手を叩くかをどのように決めているのでしょうか。演奏家は、どの音符を長くするとか、短くするとか、どの音符を大きく演奏し、微妙な遅れで入るのかといった表現豊かな決定を、どのようにするのでしょうか。リスナーは、ある特定の曲で、どの音符が緊張感をもっており、どの音符がリラックスしているのかをどのように判断しているのでしょうか。これらの問いに取り組むのは難しいことです。検討中の話題のある側面をモデル化するようコンピュータをプログラミングすることは（そのモデルが最終的にいかに不適切と証明されたとしても）、手始めとして扱いやすい場を打ち立てるのに役立つでしょう。たとえば、どうすれば人がビートに合わせて手を叩くのが容易かを考えるとき、音楽の音量がある閾値を上回るときには、簡単に手を叩くことができるという最初の仮説を立てることができます。この戦略でコンピュータをプログラミングし、さまざまな歌に対してそれがどのように手を叩くのか、あるいは間違って手を叩くのかを観察することによって、この理論の限界を明らかにすることができます。新しい戦略をモデルに追加していけば、いかに人間が音楽のビートについて行くのかに関する現存の理論を洗練することができます。すなわち、ある限界より下にある最も低い音のときに手を叩くこと、あるいは規則的な間隔で手を叩くのを好むという機能を組み込むなどの新しい戦略です。そして行動の研究者は、例示した音楽の中で音量やピッチの高さを体系的に変動させ、どのようにして人々がこれらの抜粋曲で手を叩くのか、その変化を追跡するという研究を組み立てることができます。このように、コンピュータ・モデリングと実験心理学は、人間の音楽の処理過程の理解を進めるためのパートナーになることができるのです。

コーパス研究

さらなるデジタル化は、手で調査するにはあまりにも大きい巨大なデータセットの中にあるパターンを確認することを可能にしました。今では、ハイドンの弦楽四重奏曲で、あるいは日本の一九世紀のポピュラーソングで、B（シ）またはC（ド）、F♯（ファ・シャープ）の数を数え、その分布を比較するのは数分でできます。シューベルトの歌曲の数あるレコードの歌手とピアニストによってなされるすべてのタイミングと音量の調整を計算することも、同じように簡単です。

楽譜に記された音楽と録音された演奏からあらわれるデータの種類は広範であり、このことが研究者が音楽心理学への基礎的な問いをすることを可能にしています。たとえば、人は話の語句の最後で、多くの場合、速度を落とします。録音された演奏のタイミングのパターンを測定することによって、研究者は楽節の最後で人がテンポを落とすことを発見しました。そのことで、言語と音楽の間の関係についてより多くのことが明らかになったのです。さらにこうしたタイミングのパターンが、時間と場所の関数としてどのように変動するかを見ることによって、コーパス研究はそうしたパターンが生物学よりも文化によってどの程度影響されるかに光を当てることができます。[15] とりわけ、これらの研究はコンピュータと少しのプログラミングの知識によってなされるものです。参加者を募集しなくてもよいし、研究室を設置しなくてもよいのです。しかし、多くのコーパス研究は、容易にデータ処理の要求ができるよう、音楽の記譜法や音響を特別な方法で符号化したデータベースに依存しています。これらのデータベースの発展は、この種の仕事の最も資源集約的な部分です。音楽のどんな側面をデータベースにあらわすかの選択は、それを研究することから得られる洞察の種類に影響します。

行動研究

音楽心理学における多くの問いは、統制された条件下で行動を研究することによってのみその答えを得られます。この文脈で、行動とは人によってなされる測定可能な種類の反応を意味しています。課題を遂行するときや足で拍子を取るとき、具体的な質問に答えるときの反応時間などです。たとえば、どの種のメロディパターンがより記憶に残りやすいかについて、研究者が知りたいと思うとします。理想的には、この記憶の増強がすべての人に及ぶかどうかを知りたいと思うのですが、すべての人にテストをすることは可能ではないので、無作為の標本を選び、これらの知見が母集団に一般化できるかどうかを決定するために統計を使います。しかし、音楽心理学の多くの研究は実験参加者として、世界中の人々の無作為標本では決してない西洋の大学の学部生を使います。すべての人間がどのように音楽を聴くかに光を当てるというよりは、こうした研究は、ある特定の文化

(15) コーパス：言語資料、文例を集めたデータベース、資料の集成、全集のこと。

的背景にある人間がどのように音楽を聴くかを検討するために、より適切に考えられているのです。

実験セッションの間、参加者は実験室内の防音ブースに一人ずつ案内され、ヘッドフォンを着けて異なる音楽パターンからなる刺激を聞かされます。次に、二種類のパターンが流れ、実験の最初に聞いたパターンはどちらかを問われます。ある一定のタイプのパターンへの正答が多かった場合に、統計ツールによって、この差異がより大きな母集団における実際の効果を反映している（人々は実際にこのパターンを容易に思い出す）可能性を示すのか、それとも偶然により生じた（両方のパターンを等しく思い出すことが容易であるが、無作為の誤差により差異が出現した）可能性を示すのかを査定できるのです。

このタイプの研究がもつ一つの重要な難題は、生態学的妥当性です。現実世界で社会的に深く根ざした音楽経験の豊かさを理解するために人々が使う認知過程を代理するものとして、実験室の環境で簡略化された刺激の意味を理解するのに、どの程度の認知過程が使われるのでしょうか。この難題は、社会科学の多くの研究の特徴でもありますが、とりわけ音楽のような複雑な文化的行動に取り組む研究に関係があります。

大きな人間学的な問いは多くの場合、音楽心理学の研究を動機づけます。何が音楽的な楽しみをかき立てるのでしょうか。なぜ人は音楽的なのでしょうか。それでも実験を計画する人々は、これらの概念を操作する方法――個別に扱いやすくして検査し測定する方法――を識別しなければなりません。これが、相当な量の芸術を科学に取り入れる最初の接続点です。紛らわしい方法で重

図2　音楽心理学の研究過程の図式
研究者は多くの場合、情動や記憶といった大きな話題に関する疑問に動機づけられて研究を始めます。そして、こうした現象を行動学的に測定する具体的な方法を考案します。ひとたびこれらの課題での遂行を記録すれば、具体的な知見が関心のより広い話題とどのように関連しているかを解釈しなければなりません。とりわけ、音楽のような文化的現象に関する研究の場合は、測定された行動が幅広い話題の適切なプロキシ（代理）として役に立つかどうかに注意深くなければなりません。
［著者の収集］

要な概念を操作する実験は、一見頑健そうに見えても、結果的には不満足な証明に終わる科学です。たとえば、C・シーショアは、子どもの音楽的な可能性を理解したいと思い、音調弁別課題における成績のようなものを使ってそれを操作しました。子どもたちに音調が一〇八分の一違う二つの音符のどちらが高いかを識別させることは、量的なデータとしては良いのですが、音楽的可能性の有益な測度のようには見えません。

図2は、行動研究が量的推論と質的推論の間で動く様子を描いています。最初に、大きな問いは測定可能な変数の相互作用という観点から言い換えられなければなりません。実質的な人間学的洞察が求められる過程です。ひとたび、この「じょうご」のような筒を通り抜けることが達成されれば、十分に確立された方法を応用してデータを収集し、結果を想定し、標本を形成する実験協力者

より大きな母集団との関係のようなものを特定することができます。このすべてが図2の中央の箱の中で生じているとして概念化されます。しかし研究の最終段階でこれらの知見は解釈され、最初に研究を動機づけたものよりも大きな問いに連結されなければなりません。ここで再び洞察の必要があり、不正確な説明をする危険性があります。たとえば大学生の研究を、モーツァルトが赤ちゃんの長期にわたる知能を増大させる証拠として解釈するようなことです。

情動的経験や音楽的な可能性といった大きな概念を、一つの研究の一つの方法だけで測定可能な変数へと満足のいく操作ができるものにすることはほとんど不可能です。音楽心理学における進歩は、何十もあるプロジェクトを通して徐々に生じます。一つの実験での限界に、新しい実験を行うことによって対処することもよくあります。すなわち、潜在的に混乱させるおそれのあること（結果に影響してきた他の変数）を統制したり、新しくてより強力な方法でトピックを操作したりする実験です。こうした多重な研究を通した進歩の可能性は、たとえ個々の研究が限られた見方にしか貢献しないとしても、研究領域として音楽心理学をより深い洞察に向けることを助けるのです。

人というのは多くの場合、自分の認知過程の報告者としては信頼がおけません。また通常、自分の信念、経験、行為の底にある認知過程に直接アクセスする手段を欠いているので、心理学者は直接的な質問に頼らずに、それらを黙示的に測定する賢い方法を多く開発してきました。たとえば、心理学者は実験協力者にあるものについてどう感じるかを聞く代わりに、反応時間や呼吸数、情動的反応などの間接的な指標を測定することがあります。この黙示的な測度を識別する能力が、実験心理学を音楽的経験を理解するのにとりわけ有益なアプローチにしています。人は自分の音楽経験をことばで報告することに多くの場合、慣れていなかったりそれができなかったりするので、基本的には言いあらわせないもの、あるいはことばで記述できないものとして音楽経験を時に特徴づけてしまいます。そのため、ことばで報告する必要性のバイパスとなる黙示的な方法には、音楽経験に光を当てるための特別な力があるのです。

認知的神経科学の方法

行動から認知処理の側面を推論することに加え、二一世紀の研究者は、脳を研究することから認知処理を推論するさまざまな方法を使うことができます。音楽心理学で最も一般的に用いられる認知的神経科学の技法は、ＥＥＧ(16)とｆＭＲＩ(17)です。

ＥＥＧは、電位の変化を測定するために頭皮にそって置かれた電極に基づいて、そこから神経活動を推論するものです。ＥＥＧは、神経反応の経時変化を正確に測定することを可能にします。音

(16)　ＥＥＧ（Electroencephalogram）：脳で生じる電気活動を、頭皮上、蝶形骨底、鼓膜、脳表、脳深部などに置いた電極で記録したもの。

(17)　ｆＭＲＩ（functional Magnetic Resonance Imaging）：機能的磁気共鳴画像。脳や脊髄の活動に関連した血流動態反応を視覚化する方法の一つ。

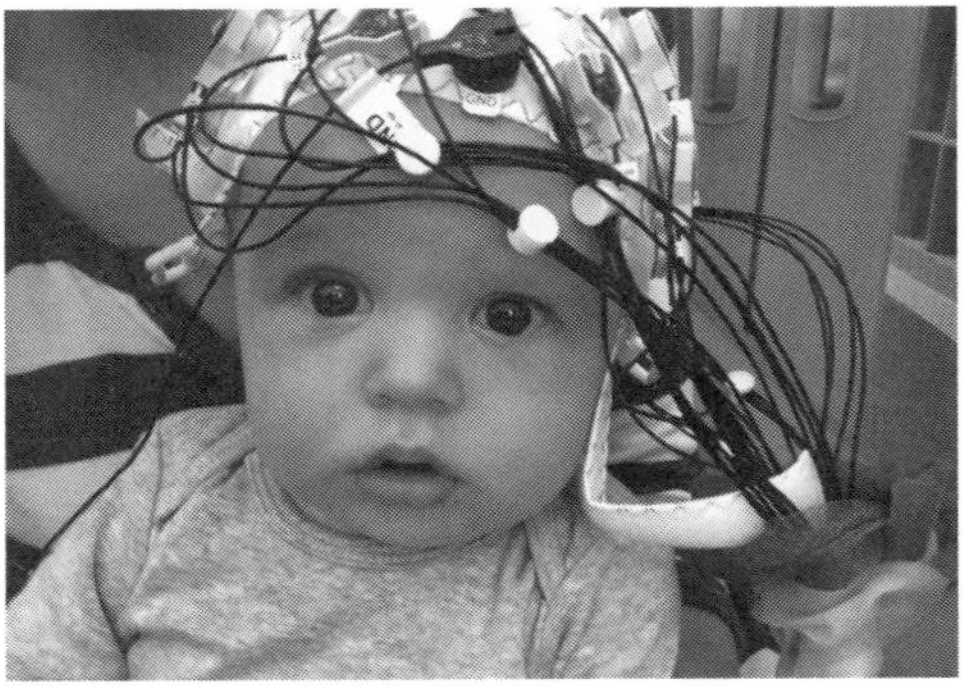

図3　EEG テストを受けている子ども

EEG キャップは頭皮に電極をはりつけ、電位の変化を測定するのを可能にします。EEG は、この5か月の赤ちゃんのように自分の経験を言語的に報告することができない人々の神経活動を推論するのにとりわけ役に立ちます。

［著者の収集］

楽は時間にそって生じるので、ある特定の音符が他の特定の音符と比較して、どのような反応を引き起こすかを知りたいと研究者は多くの場合思います。個々の瞬間に対する反応をピンポイントで示すＥＥＧの能力は、とりわけ有益です。しかし、空間分解能[18]は乏しいのが現状です。脳の三次元構造内の神経活動の複雑なパターンは、頭皮にそって置かれた特定の電極の記録に合算されて影響します。そのことが、各要素が発生した正確な場所を識別するのを困難にするのです。

しかしｆＭＲＩを含む神経画像処理は、神経活動の位置について、優れた証拠を提供してくれます。トレード・オフ[19]は、時間の分解能に乏しく、音楽が進行するにつれて生じる瞬間瞬間の知覚的変化を追跡するのには役に立たないことです。神経画像処理は、脳の活動の領域をカラフルなしみによってあらわすお馴染みの画像を生み出します。ｆＭＲＩを用いて、研究者は次のような質問をすることができます。音楽と発話は、同じ神経回路を頼っているのでしょうか。人は受動的に音楽を聴くとき、運動野を働かせるのでしょうか。音楽のトレーニングを受けた人は、受けていない人と発話を処理する方法が違うのでしょうか。

神経科学的アプローチは、他のアプローチと比較して不釣り合いに一般大衆の想像力に影響します。さまざまな品質についての心理学的説明を与えられたとき、脳の領野を示唆する補足説明（たとえば、「扁桃体における活動によって示されるように」）が追加されるまでは、人はその論理を正確に評価できる（良い議論は良い、悪い議論は悪いとして識別することができる）ことを研究は示しました。悪い議論に神経科学への間接的な言及が含まれると、人々はその議論をより論理的に健全だと考える傾向にあったのです。

神経画像処理の説得力は、重要な道具となりますが、研究の仮定における誤った解釈と自信過剰の可能性を高めます。音楽という豊かな文化的実践を誤って伝えるのではなく明らかにすることを保証するために、音楽の認知的神経科学的研究の礎となる理論を厳密に評価することは特に重要です。

(18) 空間分解能：位置的に接近した二点を独立した二点として見分ける能力。
(19) トレード・オフ：何かを得ると別の何かを失う、相容れない関係のこと。

臨床的アプローチ

時として、障害を負ったときに何ができなくなるのかを研究することによって、最も容易に人間の音楽的処理について学べることがあります。たとえば、臨床研究では脳損傷のある人々を見ることがありますが、どんな能力がどの脳領域に依存しているかについての結論を引き出すために、観察された音楽的欠損と損傷された領域とを結びつけます。いくつかの臨床研究は、発達障害であるウィリアムズ症候群[20]のような、比較的高い程度の音楽性と典型的に関連している特定の条件に焦点を当てています。

臨床的アプローチでは、介入法として音楽を研究することもあります。音楽を演奏し、学び、聴くことで健康を改善する方法を検討します。また特定の多様な歌唱療法が失語症の人たち（脳卒中やその他の脳損傷に伴う言語障害のある人たち）が、再び話せるようにする学習を助けることができる方法を検討します。『パーソナル・ソング[21]』（二〇一四）のようなドキュメンタリー映画は、音楽が認知症の患者に与えるインパクトの大きさを記録しています。臨床研究は厳密な方法を適用して、音楽の最も効果的な治療的使用を明らかにしようとしているのです。

質的アプローチ

音楽的処理のいくつかの側面は、面接や調査、観察といった質的な方法で一番良い研究がなされています。たとえば、マサチューセッツ工科大学の音楽教授J・バンバーガーは、音楽の発達心理学の現代的な研究の基礎として、子どもたちにモンテッソーリのベルを与え、それを聴いたり演奏したりしたことを絵を描いて表現するよう求めました。[22] 数多くの反応をページング[23]で管理することによって、年齢によって異なる傾向にある子どもたちの音楽表現の種類について、彼女は推論することができました。スウェーデンの心理学者A・ガブリエルソンは、音楽の至高体験（最も激しく情動的な音楽の瞬間）について聞き取るために何百人もの人たちに面接をしました。そして共通性を

(20) ウィリアムズ症候群：七番染色体の欠失によって発症し、知能低下などの精神遅滞、心臓疾患などがある。一九六一年に医師のJ・C・P・ウィリアムズにより報告された。

(21) 『パーソナル・ソング』（*Alive Inside: A Story of Music and Memory*）：二〇一四年公開のアメリカ映画。アメリカのソーシャルワーカーであるダン・コーエン（Dan Cohen）が、認知症の高齢者たちに音楽を聴かせて、その音楽が高齢者たちのこころや記憶にもたらす改善効果を、三年間かけて追ったドキュメンタリー映画である。

(22) 音楽知覚の発達に関するバンバーガーの研究は、次の著書で見られる。J. Bamberger (1991). *The Mind behind the Musical Ear: How Children Develop Musical Intelligence*. Cambridge, MA: Harvard University Press.

(23) ページング：主記憶装置をページごとのブロックに分割し、必要に応じて主記憶装置と補助記憶装置間でページを交換するメモリー管理法。

識別するために、聞き取った内容を念入りに調べました。

この種の緻密な観察は、のちの研究による量的な調査を可能とする理論や仮説を生み出すことができます。音楽的行動は、とても複雑で多様なので、量的なアプローチが可能になる前に長年の質的な研究が必要となるのです。

第2章

音楽心理学の生物学的起源

動物の骨に指穴をくり抜いて作られたフルートは、数万年前の考古学上の記録に見られます。声と楽器による音楽は、知られているすべての人間文化に存在しています。音楽のもつ年月と遍在性は、その起源が生物学的であると主張しているように思われます。しかし、世界中の音楽的実践の多様性は、そうではなくその起源は文化的なものだと主張しているようです。この多様性が、何が音楽を構成するかという概念にまさしく及んでいるのです。ブラックフット族[1]の用語「saapup」[2]は純粋に音響をあらわすものを別々の概念として分割することなしに、歌うこと、踊ることや、儀式を含んでいます。タイ語やサンスクリット語などの他の言語にも、音楽と舞踊の両方を示す一つのことばがあります。その一方で、それ以外の言語には歌うことと楽器による音楽とに別々のことばがありますが、それらを結合した包括的なカテゴリーはありません。音楽と生物学についての議論への入り口として、文化を超えて共有される傾向がある音楽の特徴は何かを識別することが役に立つでしょう。魅力的ですが逆説的な、共有の特徴の一つは、人々が自分たちの音楽システムを文化的につくられたものではなく、「自然」なものだとしてみる傾向です。

西洋では、ある音が一緒になって良い響きをしているという知覚である協和音を、数学や内耳の物理学という普遍的な力に帰属させせました。しかし、西洋文化にほとんどさらされたことのないアマゾンの孤立した社会のチマネ族は、協和音と不協和音を等しく楽しいと評価することが示されました。[3]音楽に対する美的な反応をつくり出す上で文化が重要な役割を果たしているという証拠があるにもかかわらず、音楽のコミュニケーションの容易さとそのパワーについての何かが、音に対する自分たちの基本的な反応は普遍的には共有されないものだと人々が想像することを困難にしています。知覚された自然らしさと実際の文化的な依存性の間にあるこの溝が、まさに相当な力を音楽に与えているのです。直接的で仲介するものなどないように感じられますが、それは文化とアイデンティティについてのメッセージを伝達しています。

ある特徴は、世界中の音楽文化で広範にまた普遍的に共有されています。それらの文化では一オクターブ離れたピッチは等しいものと認識される傾向があり、その間のスペースに音階を振り分けます。音階は、オクターブを不均等に分割する傾向にあり、豊かな階層をもつ音楽構造を構築することが容易になります。ピッチ間の最も共通の音程は小さくなる傾向にあります。それはピアノで二つの隣接したキーで作られるサイズの音程です。あらゆる知られた文化の音楽のいくつかは、少なくとも規則的なパターンの拍（ビート）に基づく拍子をもち、これらの拍は多くの場合、二つや三つでグループを作ります。音楽は通常、歌唱のような別々の、反復可能な行為において起こりま

（1）ブラックフット族：北アメリカ大陸の三つの先住民族の総称。

（2）ブラックフット族の用語「saapup」の概要は、次の論文による。B. Nettl (2000). An ethnomusicologist contemplates universals in musical sound and musical culture. in L. Nils, W. B. Merker, & S. Brown (Eds.) *The Origin on Music*, 463-472. Cambridge, MA: MIT Press.

（3）不協和音よりも協和音の方が快いことをチマネ族が知らなかったという発見は、次の論文で報告された。J. H. McDermott, A. F. Schulz, E. A. Undurruga, & R.A.Godoy (2016). Indifference to dissonance in native Amazonians reveals cultural variation in music perception, *Nature*, 535: 547-550.

す。繰り返しは音楽の構造の複数のレベルで主要な役割を果たす傾向にあります。二つの曲が移調（異なるピッチ水準で始まるよう変更されている）されていても、音符の間の関係パターンが同じままである限り、二つは同じ曲であると認識されます。

音楽は頻繁に儀式と遊びの文脈で生じます。多くの文化は、特定のこころの状態を引き起こし、人々が集まるときに特別な雰囲気をつくり出すといった音楽の力を認識しています。世界中で、人は単独よりも集団での方が、頻繁に音楽を経験します。多くの場合、音楽はことばを超える表現豊かな様式であると知覚されています。音楽が具体的な事物あるいは考えを意味しないときでも、音楽には深い意味があるとされます。むしろ音楽は、あいまいで多義的に解釈可能なものをやりとりしているかのようです。ケンブリッジ大学の音楽学者I・クロスは、この「浮遊する意図性」という性質（音楽は何ものかではあるが、正確に何かであるとピンで固定することには抵抗するという感覚）について、次のように提案しました。[4] その性質は、たとえ人々の理解の具体的な詳細は深いところで異なるとしても、音楽を聴いたり作ったりする大部分の人々に、コミュニケーション経験を分かち合う喜びを味わうのを許しているのです。実際、自分自身を超えた所に運ばれるという感覚は、世界中で音楽を聴くことの顕著な特徴のようです。この強力な種類の経験は、沸き立つような感情のあふれ、あるいは（空想的な用語ではなく）覚醒の高まった状態と、さまざまに言及されてきました。聴かされて単に受け取るだけではなく、むしろ音楽は同情的な動き（足を踏み鳴らしたり頭を縦に振ったり）や参加の暗黙の感覚（こころの中で合わせて歌ったり、自分自身から引き出された感情が音楽に入っていったりという感覚）を引き出し、その移り変わりに人々を押しやる傾向にあります。

この能力は、ダラム大学の民族音楽学者M・クレイトンが、音楽の四つの主要な機能として識別するものの基礎となっています。[5] その機能とは、精神的あるいは生理的状態を統制する、自己と他者の間を仲介する、シンボルとして機能する、行為を調和させるのを助ける、の四つです。多様な音楽的伝統がすべてこれらの機能を担う傾向にあるという事実にもかかわらず、非常に異なる音響の材料を使って、そのように整理されるのです。ただ一つの音楽ジャンルだけは、どの文化においても同じ特徴をあらわす傾向にあります。それは「子守歌」です。世界中で子守歌は、より高いピッチとよりゆっくりなペース、そしてより暖かい声のトーンを特徴とする傾向にあります。幼児のいる前で親が歌った子守歌の録音は、幼児がいないところで録音された子守歌よりもうまく赤ちゃんをうっとりさせるのです。このことは、親と幼児が交流するときに、ある一定の声の質が自動的に出現するということを示唆しています。これは子守歌だけでなく、幼児に向かって話すときの声にもあてはまることであり、大人は赤ちゃんに特別な方法で話す傾向にあります。大人は話す

（4） 意図性を浮き上がらせる説明は、次の論文による。I. Cross (1999). Is music the most important thing we ever did? Music, development, and evolution, in S. W. Yi (Ed.). *Music, Mind and Science*, 10-39. Seoul: Seoul National University Press.

（5） 音楽機能のM・クレイトンの分類学は、次の論文による。M. Clayton (2009). The social and personal functions of music in cross-cultural perspective, in S. Hallam, I. Cross, & M. Thaut, *The Oxford Handbook of Music Psychology*, 35-43. Oxford: Oxford University Press.

速度を落とし、韻律を誇張し、繰り返しをより多く使うのです。こうした変化はすべて、話し声をより音楽のような性質で満たします。幼児は、こうした変化に対して好んで反応します。また、こうした音楽のように語られる話し声が好きです。人々の最も初期の社会的経験で音楽が果たす基本的な役割は、人間は本質的に音楽的であるというとらえ方を支持する傾向にあります。

音楽脳

本質的な人間の音楽性を探すための第一の論理的な場所は、脳です。二一世紀初めに神経画像処理ツールが進化し、音楽を聴くといった特定の課題を果たすときに脳のどの部位がかかわっているかを特定することが可能になりました。合理的な最初の期待は、神経画像処理によって音楽の中心部（音楽的な処理を専門とする明確な脳の解剖学的部位）を明らかにすることができないかといったことでした。その代わりとして、音楽はとりわけ神経回路の拡散配列に依拠しているという証拠が出てきました。音楽を聴き、理解し、作る能力は、一つの専用の部位に依存するというよりはむしろ、脳全体に広がったネットワークを要求するのです。そのネットワークは、発話から運動の計画まで、他の多くの活動にも使われています。こうした重なり合い（オーバーラップ）は、音楽経験とトレーニングが与える恩恵の一部を説明するでしょう。それらは第二言語の学習、読み書き能力、実行機能、社会的で情動的な処理といった多様な能力に優位を与えることができるのです。

早期の音楽トレーニングと関連し最もうまく研究された特徴の一つは、厚くなる脳梁です。脳梁は、脳の左右をつなぐ神経線維の束です。この知見の推測的解釈は、音楽経験に役立つ多数の部位を指摘し、音楽を学習することの重要な恩恵の一つは脳の異なる部位間の伝達を向上させることであると論じています。(6) このことは、直観的な意味をなしています。というのも、楽器を演奏することには、次のようなスキルが含まれるからです。異なるピッチを区別するといった知覚スキル、腕の動きを協調させるといった運動スキル、楽譜を読み、アンサンブルの他のメンバーを見るといった視覚スキル、楽曲の構成を解釈するといった認知スキル、メロディの表現面を解釈するといった情動スキル、先生や指揮者と協働するといった社会的スキル、練習セッションの計画を立てるといった実行スキルです。言い換えれば、音楽について特別なこととは、他のすべてと異なるものではなく、むしろ他のすべてと一致するものなのです。

それに対して、音楽トレーニングによって脳梁が厚くなるのかどうか、初めからより厚い脳梁をもつ人が音楽トレーニングを追求するようになる可能性が高いのかどうかは、現存する研究から結論するのは難しいことです。確実なことを知る唯一の方法は、音楽トレーニングを始める前に子どもの脳を精査し、大人になって音楽トレーニングの終わりに再び精査するといった縦断的研究を行

(6) 音楽家の脳梁については、次の研究で報告されている。G. Schlaug, L. Jäncke, Y. Huang, J. F. Staiger, & H. Steinmetz (1995). Increased corpus callosum size in musicians, *Neuropsychologia*, 33.8: 1047-1055.

うことでしょうが、こうした研究はお金がかかり、論理的に複雑です。したがって、音楽トレーニングの脳に対する効果の研究の多くは、本質的に因果的研究というよりも相関的研究です。つまり、トレーニングと具体的な特徴の間の連関は識別できるものの、トレーニングが効果を実際に引き起こすかどうかについては確証できないのです。

音楽を聴くことは多くの場合、努力を必要としない、直接的なものです。ほんの一瞬で、私たちは子どもの頃に人気があった歌を認識することができるし、メロディ内に具体的で明瞭に表現するには難しい一種の悲しみを感じることができます。それでも、これらの印象は、身体的な現象として始まります。鼓膜の振動が鼓膜の後ろの小さい骨に移動し、それが内耳の液体を揺さぶり、次に有毛細胞を動かし、聴覚神経に電気信号を送るという現象です。これらの信号が、いくつかの中間点を経由して、信号を洗練させ、両耳からの情報を結合して音の位置を計算し、驚愕反応のような反射を調節し、視覚といった他のモダリティからの情報と聴覚の情報を統合した後で、大脳皮質に到達します。大脳皮質とは、意識や高次の思考と知覚を生じさせる脳の重なり合った外層です。

一次聴覚野は、側頭葉の上側頭回の上の、耳の近くの脳の側面にそったところに位置します。この部位は、広範囲な音楽トレーニングをしている人ほど大きくなっています。大脳皮質の可塑性を考えれば、使用と経験によって変わる傾向にあるのは驚くことではありません。しかし、音楽トレーニングをした人々では、脳幹の中の細胞でも、より正確に音の特質をとらえようとします。なぜならこの脳の一部分は多くの場合、何気なく「爬虫類脳」と呼ばれますが、数百万年前に進化してできた人間の最も古い部位の一つで、呼吸と鼓動のような生存に必須の機能を調整しています。音楽的経験がそうした機能の側面を高めることができるということを知るのは、とりわけ素晴らしいことです。

一次聴覚野は、ピッチを認識するような課題を担っています。[7] しかし、拍（ビート）に合わせたり、歌の表現豊かな性質に対応したりするなどの私たちがはっきり音楽的だと思う行動の多くは、それをはるかに超えて広がる神経回路に頼っています。自発的な運動の計画や実行を担う運動野は、人々が音楽を聴きじっと座っているときにまでかかわっています。この知見は、音楽が想像された運動の経験を引き出すことができるという考えを支持します。そして、リスナーを音楽の軌道に引き込み、静止しているリスナーでさえも同情的な身体的参加の感覚に巻き込みます。皮質の下にある一群のニューロンである大脳基底核は、目標指向的な行為の流れや深く染みついた習慣の部分を形づくる運動のパターン、ならびに行為の学習を監督します。それらは、拍（ビート）に基づいた音楽を処理する際に決定的に貢献します。その音楽とは、リスナーにこの先に出来事が起こる時点を予測し、一緒に拍手することを可能にするような、一種の時間的特徴をもちます。たとえば、エレクトロ・ダンス・ミュージック[8]は、この種の関与と時間的な予測を促します。しかし、中世の単

（7） 脳幹のピッチ追跡に及ぼす音楽トレーニングの効果は、次の論文の中で詳しく述べられている。P. C. M. Wong, E. Skoe, N. M. Russo, T. Dees, & N. Kraus (2007). Musical experience shapes human brainstem encoding of linguistic pitch patterns. *Nature Neuroscience,* 10.4: 420-422.

旋律聖歌ではそうしたことはありません。単旋律聖歌では、リスナーが次の音符がいつ生じるかを事細かに判断できるような一種の時間的な規則性はなく、音符はゆっくり進むのです。

音楽に対するピークの情動的反応は、認知神経科学からも相当な注目をあびてきました。音楽がゾクゾク感を伴う激しい喜びを起こすとき、あるいは背筋が震えるとき、腹側線条体、眼窩前頭皮質、前頭前野腹内側部などの報酬回路が活動します。食べ物と性の舞い上がる経験でも同じ回路が作動しますが、それらの場合では行動に刺激を与える圧力の高まりを想像することは簡単です。神経伝達物質ドーパミンの放出が、報酬システムでカギとなる役割を演じます。音楽を聴くときには、最も強烈に楽しい瞬間だけでなく、それに先立つ瞬間でもドーパミンは放出され、受動的に聞くときでさえ、予期と予測という重要な役割を示しています[9]。

音楽の神経科学的な研究によって、音楽と言語処理との間に相当な重なりがあることが示されています。音楽と発話の作動記憶は、同じ神経的基礎に依拠しているようであり、音楽の構造的で規則に基づく側面は、言語の文法的処理を支持するのと同じ部位によって支えられていると論じる人もいます。

運動から動機づけまでの人間の機能の諸側面と音楽的処理がいかに深く統合されているかに気づかないでいるのは難しいことです。この機能の重なりと脳の基本的な可塑性、あるいは変化への能力が、音楽的経験が多数の他の能力に影響を及ぼす環境を組み立てるのです。

音楽と健康

音楽は人の生命と健康に強力に影響しているという考え方が、数千年の間存在してきました。『国家』でプラトンは、霊魂を形成することができるとして音楽のトレーニングを推奨しました。そして酩酊や怠惰を促す基礎となるとして、特定の音階を禁止することを提唱しました。彼の学徒は、ヒステリーから発作までに及ぶ神経障害を治療するために音楽を使っていたと言われています。しかし音楽と健康についての考えは、西洋だけに広まっていたわけではありません。世界中の文化は、音楽を癒やしのセレモニーに統合しています。多くの人々は、気分を良くする助けとして、あるいは重い物を持って速く走る助けとして、直観的に音楽に頼っています。アメリカではアメリカ音楽療法協会というプロ組織が、英国ではイギリス音楽療法協会が、音楽の治療的応用におけるトレーニングと研究を統括しています。

音楽の処理に使われる神経回路と運動制御に使われる神経回路の重なりは、音楽を聴くという

（8） エレクトロ・ダンス・ミュージック：シンセサイザーやシーケンサーを用いて、エンターテインメントの場で、人々を踊らせる目的のために作られたダンス・ミュージックのこと。

（9） 音楽を聴くことでの報酬ネットワークの役割を識別した研究は、次のものである。A. J. Blood, & R. J. Zatorre (2001). Intensely pleasurable responses to music correlate with activity in brain regions implicated in reward and emotion. *Proceedings of the National Academy of Sciences of the United States of America*, 98.20:11818-11823.

単純な行為が、時に重い運動障害の人々を助けることができることを意味しています。たとえば、パーキンソン病の人々は、単純な課題や動き回ることさえ困難になるような一種の動きの緩慢化を経験します。パーキンソン病の人は、ふるえ、筋肉の凝り、バランスや硬直などの問題でも苦しみます。退行性の障害であるパーキンソン病は、大脳基底核を含む脳の深い部位の細胞に影響を及ぼします。この領野は、拍子をベースにした音楽を予期的に処理する座としても働いています。パーキンソン病の人がリズミカルな音楽を聴くと、足取りが著しく改善し（YouTubeに、音楽を聴いている間とそれ以前とで異なる足取りをとらえた数多くの説得力ある動画が取り上げられています）、同じように協調運動や姿勢やバランスも改善します。この恩恵は、どんな種類のリズムでも生じるわけではありません。たとえば、ぴかっと光るイメージによって視覚的なリズムを生じさせたり、特定のテンポのパターンに触圧をあてはめることで触覚のリズムを発生させたりすることも可能です。しかし、聴覚のリズムに反応したときだけ、この恩恵が生じるのです。聴覚のシステムの反応時間は、他の感覚システムよりも数十ミリ秒の単位で速く、時間的な規則性と構造に独自に調子を合わせるものです。パーキンソン病の人が、音楽の中の拍子構造に自分の動きを同期させて、足取りや協調運動にかなりの改善を図ろうとすることは、時として治療セッションの終わりを過ぎても展開できるでしょう。[10]

音楽処理に使われる神経回路は、発話処理に使われる神経回路とも重なっています。脳卒中あるいは外傷によって左半球の下前頭回に損傷がある人々は、非流暢性失語症を発症します。それは、言語理解は維持されますが、流暢に話す能力が失われるという極度にいらだたしい障害です。この状態に対して十分に確立された治療法であるメロディック・イントネーション療法は、発話の音楽的な側面を活用して、右半球の損傷を受けていない部位の言語発達を促そうとします。[11] 個々のことばを発することができない人に、まずそれらのことばを歌うように教え、徐々に特別なメロディやリズムの強調なしで発声に移行することを教えていくのです（この手順の全体はYouTube上に記録されています）。治療者（セラピスト）は、最終的に患者が流暢で自発的な発話ができるように援助することを望むので、目標とするフレーズが生じるよう、患者の左手を軽く叩いたり、ハミングしてそのことばをやさしく歌ったり、あたかも患者の内部で歌われたもののようにフレーズを懸命に聴くよう励ましたりします。このプログラムを修了した多くの人々が、自己充足と学習セッション以上のさらなるフレーズを学ぶ力を獲得しています。

認知症が記憶システムを深く崩壊させたときにも、複数の脳部位と経路に音楽が定着してしまう

（10）パーキンソン病患者の足取りと音楽との関係の概要は、次の文献による。G. C. McIntosh, S. H. Brown, R. R. Rice, & M. Thaut (1997). Rhythmic auditory-motor facilitation of gait patterns in patients with Parkinson's disease. *Journal of Neurology, Neurosurgery & Psychiatry*, 62.1: 22-26.

（11）失語症に与えるメロディック・イントネーション療法の効果は、次の論文に記録されている。P. Belin, Ph. van Eeckhout, M. Zilbovicius, Ph. Remy, C. Francois, S. Guillaume, F. Chain, G. Rancurel, & Y. Samson (1996). Recovery from nonfluent Aphasia after melodic intonation therapy: A PET study. *Neurology*, 47.6: 1504-1511.

ことが、音楽の記憶が生き残るのを助けます。数多くの臨床観察で、認知症患者が病気の進んだ段階に移行したときでも、青年期の音楽を覚えており、楽しむことができることが示唆されています。さらに重い認知障害のある人々でも、選曲された音楽のうち感情的に共鳴した曲を識別し続けることができます。こうした成功した音楽の記憶のエピソードによって、その経験の直後や最中に、音楽に関連しない課題の認知的機能を改善できると主張する人もいます。

音楽と健康のとても基礎的なつながりは、バックグラウンド・ミュージックの流れる新生児集中治療室（NICU）の赤ちゃんは、よく食べ、あまり泣かず、よく眠り、バックグラウンド・ミュージックのない集中治療室の赤ちゃんよりも、入院日数が短くてすむというデータによって強化されます[12]。また、音楽が流れる集中治療室で働いている大人も、不安が少ないと報告し、それは可能な仲介変数として役立っています。すなわち、赤ちゃんの結果の改善は、より良い世話を提供できるより穏やかなスタッフの能力から派生したものであるということです。集中治療室の赤ちゃんへの音楽の恩恵についてのもう一つの仮説は、他の方法で得るエネルギーを欠いて苦しんでいる赤ちゃんに、音楽が発達と回復に必要な神経学的刺激を提供するというものです。

すべての年齢の人々にとって、リラックスできる音楽は、血圧の低下や脈が遅くなることといったはっきりした生理的効果を生じさせるものです。人が楽しい音楽を聴いているときに、とても冷たい水にどのくらいの間、手を浸したままでいられるかといった行動を測定すると、痛みへの我慢強さが改善します。これらの効果には、文化と経験が明らかに介在しています。というのも、あるグループには非常に快適なはずの音楽が、他のグループには非常に不愉快で、精神的な外傷さえ与える音楽になりますし、同じ人たちでも異なった環境で聴くと違ってきます。グアンタナモ湾(13)の囚人たちは、拷問の形でメタリカ(14)の楽曲を聴かされました。そして、一九九〇年代に起きた、テキサス州ウェーコでのブランチ・ダヴィディアン・セクト(15)包囲作戦の間、同じ目的でアンディ・ウィリアムズ(16)のアルバムが流されました。

人間以外の動物は音楽的なのでしょうか

一見したところ、人間が唯一の音楽的な動物であるように思えます。私たちに進化の上で最も近い親類である大型類人猿は、私たちが音楽的と認める行動に自発的にふけることはありません。霊長類が、沈黙以上に音楽に一貫して好みを示すことはないし、西洋人のリスナーが不協和だと知覚

(12) 音楽と早産児の研究は、次の論文にまとめられている。J. Standley (2012). Music therapy research in the NICU: An updated meta-analysis. *Neonatal Network*, 31,5: 311-316.

(13) グアンタナモ湾：キューバ南東部に位置し、カリブ海のウィンドワード海峡に向かって開けている湾。アメリカ南方軍グアンタナモ共同機動部隊運営の収容キャンプがある。

(14) メタリカ（Metallica）：アメリカ出身のヘヴィメタル・バンド。

(15) ブランチ・ダヴィディアン・セクト：アメリカを拠点とするプロテスタント系のカルト集団。一九九三年にＦＢＩが強制捜査に入り銃撃戦となり多数の死者が出た。

(16) アンディ・ウィリアムズ（Andy Williams, 1927-2012）：アメリカの有名なポピュラー歌手。

する音楽や不協和音の音楽以上に、協和音や心地良い音の音楽に好みを示したりすることはありません。

しかし、より詳細な検証で、異なる種が個別に、音楽性を一緒に構成する積み木ブロックのいくつかを持っていることが明らかになっています。たとえば、ゴリラ、チンパンジーとマカク(17)は、手を叩いたり、木や丸太や自分の胸をドンと叩いたりして太鼓を鳴らし、キツツキはくちばしで穴をあけます。鳴き鳥、オウム、ハチドリ、アザラシ、ゾウ、コウモリ、クジラなどの数多くの異なる種が、模倣を通して新しい発声を獲得するという音声の学習を示します。この能力は、音楽性ととりわけ密接に関連しています。なぜなら、それは音を知覚したりあらわしたりするのに使用する聴覚システムと、その再現に使用する運動システムをつなぐ鍵に依存しているからです。この聴覚と運動のシステム間のつながりは、人間にとっても音楽能力の重要な基礎となっています。人間のように音声学習を示す三種の鳥類は、聴覚と運動の部位の間の直接的神経路をもっていますが、音声学習をしない種はもっていません。他のいくつかの種は、集団同期性を示します。オスのホタルの一群は、お互い同時に光ることができます。オスのカエル、セミ、コオロギの群れは、交尾期の鳴き声を同期させ、同調させることができ、雑音のコーラスを生み出します。同時に一緒にしようとするこの力も、拍（ビート）に合わせて叩き続けるとか、アンサンブルで演奏するといった人間の能力の基礎に存在します。コオロギ、アザラシ、鳴き鳥からチンパンジーまでの広い範囲で一部の音楽的な能力を示す動物たちは、明らかに進化樹の一つの枝を独占してはいません。おそらく、これらの能力は、共有先祖の継承を通してというよりもむしろ、異なる種で独立に生じたものです。人間に最も近い親類が、その種を構成する能力をもっと遠くの親類よりも多く示していないという事実は、音楽性の進化に単純で明確な経路はないことを意味しています。

動物の音楽性のケーススタディのいくつかは、とりわけ興味深いものです。二〇〇〇年代、スノーボールという名前のオウムがバックストリート・ボーイズ[18]の歌に合わせて踊るYouTubeの短い動画が、カリフォルニア州ラホヤにある神経科学研究所のA・パテルとJ・アイヴァーセンの注意を引きました[19]。彼らは、スノーボールがトレーナーからの視覚的手掛かりに頼ることなく、拍（ビート）に合わせて自発的に同期するかどうかを体系的に研究しようとしました。彼らは、スノーボールの好きな歌をいくつか異なる速さで歌い、スノーボールの動きを録画して、その起伏を分析し、根底にある拍の整列の程度を測定しました。スノーボールは、実際に異なる拍に動きを合わせることができました。人間だけに委ねられていると以前は考えられていた課題を、動物が遂行する能力があることを示す目覚ましい実演でした。スノーボールがもつ聴覚のタイミング・パターンに

（17）マカク：オナガザル科マカク属のサルの総称。
（18）バックストリート・ボーイズ（Backstreet Boys）：一九九三年に結成されたアメリカの五人組・男性アイドルグループ。
（19）ノリノリのスノーボール（アメリカ・インディアナ州の鳥類保護施設で飼育されているこのキバタンは踊りが大好き）の能力についての研究は、次の論文で見られる。A. D. Patel, J. R. Iversen, M. R. Bregman, & I. Schulz (2009). Experimental evidence for synchronization to a musical beat in a nonhuman animal. *Current Biology*, 19.10: 827-830.

応じて自分の動きを調整する能力は、人間の音楽性に必須だと考えられてきた聴覚–運動のつながりの一種をあらわすものです。

また、ストラヴィンスキーの「春の祭典」とバッハのオルガン曲を基に作った二つの新しい抜粋曲を、くちばしでボタンを押すことによって正確に分類できるよう、ハトを訓練することができたという知見や、コイをブルースとクラシックの新たな抜粋曲を分類するよう訓練することができる[20]という知見には驚かされます。[21]これらの結果が印象的なのは、魚や鳥が美的な感性を持っているという意味ではありません。[22]それよりはむしろ、オルガンやベースギターが存在するかどうかといった、音楽のジャンルを区別する基礎的な音響の特徴を、ある魚や鳥が検出できることが示されたのです。たとえば課題を達成するために、ハトには曲のスタイルの特徴や音階システムの情報を抽象化する必要がなかったのです。

これらの研究を過大解釈したくなる誘惑は、文化現象の科学的吟味について思い出させる重要な助言を提供します。つまり、解釈は、潜在的な混乱の可能性があることを心にとめ、研究での正確な操作から注意深く進められるべきだということです。さらなる実験的研究で、未解決の問いを解決することができます。たとえば、ストラヴィンスキーとバッハの間の、あるいは、ブルースとクラシックの間の管弦楽法に違いがないよう、刺激をＭＩＤＩ変換して、[23]この実験をハトやコイに再実行することで、行われた分類が低いレベルの音響的手掛かりに依存しているかどうかを見極めることができます。管弦楽法がもつ表面上の特徴がはぎとられれば、おそらく鳥と魚にはもはやカテゴリーを区別することはできないでしょう。

鳴き鳥の一種であるアカウソは、特に傑出した能力を示すことが知られていました。特に進取的なアカウソは、トレーナーから四五音の曲を学んで、正確に自分独自の音程で奏することができました。他のアカウソは、トレーナーと交替で歌うことができ、途中、人間が歌っている間は、自分の番が来たら続けて歌えるよう待っていられるのです。相対音感（四五音の曲のパターンを抽象化し、異なる音程で再生できる）という観点のみならず、タイミングと予想（メロディの人間のパートの間は待って、適切な続きの箇所で入る能力）という観点からも、こうしたことを成し遂げることは、深い感銘を与える学習であることをあらわしています。(24)

（20）ブルース：四分の四拍子の哀愁を帯びた歌曲。

（21）コイと音楽スタイルについての論文は、次のものである。A. R. Chase (2001). Musical discriminations by carp. *Animal Learning & Behavior*, 29.4: 336-353.

（22）作曲家による金魚の音楽分類の知見は、次の論文による。K. Shinozuka, H. Ono, & S. Watanabe (2013). Reinforcing and discriminative stimulus properties of music in goldfish. *Behavioural Processes*, 99: 26-33.

（23）ＭＩＤＩ（Musical Instrument Digital Interface）：電子楽器の演奏データを機器間で転送・共有するための共通規格。

（24）アカウソのメロディ学習についての情報は、次の論文による。J. Nicolai, C. Gündacker, K. Teeselink, & H. R. Guttinger (2014). Human melody singing by bullfinches gives hints about a cognitive note sequence processing. *Animal Cognition*, 17.1: 143-155.

音楽の進化の起源

異なる種の比較研究からのエビデンスでは、音楽の進化の歴史について説得力のある話は語れません。異なる種を通して明らかな進化の道筋があって、それが人間の成熟した音楽性へと導く個々の要素の獲得を示しているわけではないのです。同様に、明白な脳の構造あるいは特殊な遺伝子のような、音楽の生物学的基礎を明確に示す決定的な証拠もありません。ですから、自然淘汰が音楽的能力を直接形づくったという考えを全く拒否してきた研究者がいることも、驚くにあたりません。彼らはその代わり、音楽を他の目的で進化した生物学的装置をうまく利用した人間の発明とみるのです。進化心理学者のS・ピンカーは、音楽を「聴覚のチーズケーキ」と呼び、この見方を要約しました。チーズケーキ特有の味は進化しなかったのと同じように――むしろチーズケーキは砂糖と脂肪という、根底にある好ましくない素質を活用しています――音楽に対する適性は、進化の圧力から生じたものではないと彼は論じています。その代わり、音楽性はもっと明らかに生き残りを高める機能を支えるよう進化した他の力に頼っているのではないかと彼は述べています。

音楽を作ったり楽しんだりする能力には、より直接的な生物学的基礎があると信じている人々は、こうした力が適応的になるいくつかの通路を指摘します。音楽は社会的な結束力を促進します。それは、より結束力の強い効果的な集団が進化上の利点を潜在的に得ることに結びついています。音楽は幼児の覚醒状態を調節します。それは、親が手を使って別の有益な仕事をこなしている間に元気に育つ赤ちゃんが、進化上の利点を得ることに潜在的に結びつくのです。音楽は人々が行動と注意を同時に行う手助けとなります。それはよりうまく協調できた労働が進化上の利点を得ることに潜在的に結びつきます。おそらく音楽の能力は、クジャクの尾羽のように性淘汰を通して生じました（すべての知られている文化において音楽性は両性を特徴づけているという事実は、この考えに反論するように思われますが）。

世界中の音楽実践の多様性と、それを支えるために必要とされる脳構造の多様性の調査から明らかだと思われることは、音楽そのものが多数の個々の構成要素を含むということです。したがって、その進化の歴史には、さまざまな段階とメカニズムが包含されうるでしょう。人々が進化について考えるとき、生き残りの優位性を与えるある特定の特徴が、徐々に集団内で支配的になる過程である適応についてしばしば検討します。しかし、他の過程も同様にかかわっているのです。時に外適応と呼ばれる過程は、特定の恩恵をもたらすゆえに進化した特性が、当初は選ばれなかった新しく有益な機能を最終的には可能にし、この新しい機能がさらなる進化を引き起こします。他のケースでは、ある特定の選ばれた特性が、進化の軌跡に影響しない副産物も生み出すことがあります。それは、単に元の特徴とともに「おまけでついてくる」だけです。こうした副産物は、スパンドレル[26]

(25) スパンドレル：三角小間。アーチの背面と、その額縁をなす水平・垂直部材で形成する三角形の部分を指す。進化生物学で進化の過程で生まれた、生存に必要不可欠でない形態や特徴のこと。

と呼ばれます。

音楽に関する能力の出現には、さまざまな段階で適応、外適応、スパンドレルが含まれるようです。それは、音楽の文化的役割を生物学に帰属させることによって正当化しようとする人々の願望が間違っていることを示す乱雑な推測です。音楽は関心と支持に値し、議論は続きます。なぜなら、進化は私たちの遺伝子に音楽を書き込んだからです。しかし、この単純な説明が、世界中に広がったこれほど深遠にこころを動かす行動のメリットを援護するために、本当に採用される必要があるのでしょうか。悪魔のちょっとした弁護は、要点を照らすのに役立つかもしれません。たとえ音楽がどんな直接的で選択的なプレッシャーを通して生じたものでもない、一〇〇%のスパンドレルであったとしても、これほど多くの生物学的基盤への依存や、その世界的な普遍性や、実質的で社会的な力がすべて、このはっきりとした人間の芸術への持続的な調査を主張するのです。

第3章

言語としての音楽

音楽は、効果的にコミュニケーションするように感じられます。音楽は、実際にある種の言語なのでしょうか。もしそうならば、それは何を意味し、そしてどのように音楽は意味を伝えるのでしょうか。音楽が能弁になるには何が必要なのでしょうか。音楽の文法は、ことばの文法と同じように作用するのでしょうか。

実際に、音楽と言語との間の類似性は、著しいと思われます。伝達システムとして、両方とも普遍的な構成要素と多くの文化的ヴァリエーションを特徴としています。両方とも、表記法において視覚的にあらわすことのできる（必ずあらわされるわけではありませんが）複雑な聴覚信号から成り立っています。両方とも、対人的な協調を伴います。すなわち、言語の場合は発話がかわされ、音楽の場合はグループで演奏されます。両方とも、個別の音の単位を豊かな構造に、言語の場合は文章や段落に、音楽の場合は楽句や楽節に結び合わせます。

認知心理学は、音楽に目を転じる前に長年、言語の研究をしてきました。そのために心理言語学は音楽に関する新生の認知科学の最も初期の段階で、その枠組みを手助けする仮説、方法、問いの豊かなコレクションを提供してきました。今でも、音楽と言語を比較することは、基礎的なアプローチとして相変わらず魅力的です。最悪の場合このアプローチでは、言語モデルに合致しない音楽の諸側面に対してある種の無知に終わることがありえます。しかし、それは多くの場合ポジティブなものにもなります。言語モデルを移行させることができない方法を詳細に記述することによって、その比較は音楽についての思考の新しい枠組みを提供するからです。音楽と言語の間の関係についての数十年の問いかけは、豊かな果実を産み出しました。

音楽の文法と音楽の表現力

言語の最も特色ある要素の一つは、統語です。それは、文章の構造を支配する一組の規則です。この規則によって「ローラはブロッコリを食べる（Laura eats broccoli）」は「ブロッコリはローラを食べる（broccoli eats Laura）」とは全く異なる主張となります。言語は、一組の原子単位である単語を含んでおり、それが一組の規則と適合するように配置されています。そのため規則を破る組み合わせは、不正確で意味をなしません（「食べる、ブロッコリ、ローラ（eats broccoli Laura）」）。言語と同じように、音楽は一組の原子単位である個々の音符から構成されており、それがある規則に従って組み合わされています。多くの人は、赤ちゃんや幼児のうちに単に言語に毎日さらされることによって、何の公式的な教えがなくても暗黙のうちに言語を支配する統辞の規則を学習します。しかし、学校に入学したら、たとえば文法の授業で、こうした規則をよりはっきりとしたやり方で学習することができます。同じように、音楽の理論をはっきりと伝える目的の授業を受けることはできますが、大多数の人は音楽を単に毎日聴くことを通して、何の公式的な教えがなくても暗黙のうちに音楽を支配する統辞の規則を学習します。

音楽の授業を受けたことのない人は、音符をまとめる方法を支配するとされている規則を学習していないと主張するでしょう。しかし、演奏者が間違った音符を弾いたことに気づいたり、ある曲がもうすぐ終わると直観したりしたことのある人はみな、音楽の根底にある構造的な規則の重要な部分を抽出しているのです。間違った音符の場合を取り上げてみましょう。その音符が根底にあるキー（調）に属していないから、あるいはそのキーが支配しているメロディの流れに適しないぎこちない飛躍をしたから、間違っていると思わず言ってしまいます。多くの場合、演奏者のミスでこの種の間違った音符が生じますが、作曲家が時としてこうした音符を楽譜に直接書くこともあります。二〇世紀のロシアの作曲家S・プロコフィエフによる〝間違った音符〟のメロディの場合、誤りのような音がする音符を意図的に強調しています。音楽評論家のD・ヒューロンはプロコフィエフの「ピーターと狼」のテーマを、これらの意図的な〝間違った音符〟が芸術的に使われうることを示すものだと分析しています。(1) この場合は、ピーターの強情でいたずら好きという特定の表現豊かな特質を伝えるために使用しているのです。この柔軟性は、音楽の規則が言語の規則よりも順応性があることを意味するのでしょうか。

この問いに答えるために、先に述べた「食べる、ブロッコリ、ローラ」という統辞的に間違った発言の例を考えてみましょう。この表現が本当にコミュニケーションの目的に役立つとして採用されうるシナリオを考えるのは難しくはありません。たとえば、ローラという名前の生徒が二人いるクラスがあったとします。学年の初日に、クラスのみんながお互い知り合いになるのに役立つ楽しい事実を含んだ自己紹介をしました。一人目のローラは、ブロッコリを食べないと言いました。二人目のローラは、ブロッコリを私は食べると冗談を言いました。そのとき以来、先生は、二番目のローラを「食べる、ブロッコリ、ローラ（eats broccoli Laura）」と呼びました。間違った音符が、とりわけ表現力のある連想をもたらす音楽の例と同じように、この統辞的な誤りの言語的使用はある特定の態度を伝えます。それは無礼に聞こえることばですが、先生による楽しませるための試みだということをほのめかしているのです。

　しかし、言語の他の例ではどうでしょうか。最初のことばと最後のことばを単純に逆にすると、女性がブロッコリを食べるという比較的あたりさわりのない記述が、ホラー映画のシナリオのように、ブロッコリが女性を食べるというように変化してしまうのは、どういうことでしょうか。統語は、個々の文章の意味を決める重要な役割を果たしています。音楽の意味は、言語とは非常に異なって作用していますが、統語は同じような重要な役割を果たしています。この役割を理解するためには、構造がいずれどのように展開するかについて考えることが欠かせません。

　発話を聞くとき、私たちは次にどんなことばが来るのかを絶えず予測し、先立ってことばを処理する認知的資源を割り振っています。この予測的処理は、スピーディで効率的です。この処理によって最も続きそうなことばが事前に選択されるので、発話が続くときに何千もの可能なことばの

（1）D・ヒューロンの間違った音符のメロディについては、次の著書で論じられている。D. Huron (2006). *Sweet Anticipation: Music and the Psychology of Expectation*. Cambridge, MA: MIT Press.

表現を探す時間を無駄にしないですむのです。ひとたび相手が「ご機嫌いかが（How are)」と言うなら、いくつかの資源がすでに「あなたは（you)」ということばを割り当てているということです。その古典的な証拠は、プライミング研究から来ています。そこでは、人は文字数を数えたり、先行する文脈から予測できることばの間違いを発見したりといった任意の課題を確実により速く遂行することが示されてきました。たとえば、「郵便配達の人が、○○によってかまれそうになった（The mail carrier was almost bitten by the ___.)」という文脈の文の後には、「ブタ」よりも「イヌ」と速く反応します。[2] さらに、EEG（脳内の電気的活性を測定する道具）は、ありそうもないことばに反応して驚いたという神経サインを感知します。

こうした知見は、音楽において驚くべき事象にまで広がります。正式な音楽トレーニングを受けていないリスナーでさえ、確立された音楽的文脈の中に、ありそうもない音符やコード（和音）があると、EEGで同じようなサインが示されます。同様に、音符やコードがどんな音色なのか、またそれが曲に合っている音か外れている音かといった任意の質問への反応時間は、音符やコードが先行する文脈が与えられて予測可能な場合に、より速くなるのです。

しかし、音楽の反復進行を予測できるということは、実際に統語が作られているということでしょうか。[3] メリーランド大学の心理学者L・R・スリヴスたちは、人々に文章を読みながらあるコードの反復進行を聴いてもらうことによって、この問いに取り組みました。[4] 音楽の刺激と言語の刺激の両方とも、ある種の予測される違反の様相を呈していましたが、その違反は必ずしも統語的なわけではありませんでした。たとえば、音楽の統語的な違反にはそのキー以外から引き出されたコードが含まれることがありましたが、統語的でない違反は、バイオリンで演奏されたコードの反復進行の後にフルートで演奏されたコードが突然生起することがありました。音楽の統語的な違反が言語の統語的な違反と同時に起こる場合にだけ、反応時間は極端に遅くなりました。そのことは、音楽と言語の統語的な違反が、同じ限定された神経的資源を利用していることを示しています。これらの資源が正確に何であるのかについては、意見は一致しません。とりわけ統語的な処理を支持する代わりに、間違いの発見や記憶の側面のような一般的な処理を補強するのかもしれません。

こうした認知的資源の正確な性質にかかわりなく、今まさに起ころうとしている音楽の事象についての期待を形成する能力は、ユニークで表現豊かな機能を可能にします。人々が音楽を聴くとき、ある瞬間は緊張感のある不協和音を、他の瞬間では穏やかな解決和音を見つけます。音楽が進むにつれ、こうした印象はダイナミックに変動します。これらの知覚を研究する十分に確立された方法の一つは、人が一つの曲を聴きながらリアルタイムで連続的に調整つまみを動かし、緊張感を覚えたときにはつまみを前方に押し、緊張感が薄らいだと知覚したときには後方に引くというものです。

(2) 英語原文では文の最後に来る、○○の部分に入る語を指している。
(3) 反復進行：一つの短い楽句を、同じ音型のまま異なった音高で何度か繰り返すこと。
(4) 音楽と言語の構文処理の間の共通部分についての知見は、次の論文による。L. R. Slevc, J. C. Rosenberg, & A. D. Patel (2009). Making psycholinguistics musical: Self-paced reading time evidence for shared processing of linguistic and musical syntax. *Psychonomic Bulletin & Review*, 16.2: 374-381.

すると、リスナーが予測もしなかった音楽が鳴った瞬間に、その驚きが高い緊張の印象を引き出す傾向があります。逆に、リスナーは音楽が予期した経路をたどるときは、緊張感も少なくリラックスを経験する傾向にあります。

この予期的連動は、脳の報酬回路で最もよく理解されている部位の一つであるドーパミンのシステムを活性化することが示されています。音楽の統語的構造とその表現の主観的経験との間のこのつながりは、思わせぶりです。なぜなら、客観的な構造の特徴の観点で、私たちが表現しにくい音楽の感覚の部分を説明するからです。

音楽と言語の学習

人はどのようにしてはっきりとしたトレーニングなしで、音楽の統語の専門知識を獲得するのでしょうか。音楽も言語もともに、ある特定のシステムに触れることで、人はその構造の暗黙の知識を十分に得ることができます。賢く計画された実験ではそうした知識に触れさせることができますが、人はそれをうまく表現することができないかもしれません。北京で生まれた赤ちゃんが中国語の能力を獲得し、パリで生まれた赤ちゃんがフランス語の能力を獲得するのと同じように、赤ちゃんたちが何に触れるかに依存して、インドの古典音楽の統語か西洋のクラシック音楽の統語か、あるいはその両方の統語を獲得するかが決まるのです。

一九六〇年代に言語学者のN・チョムスキーは、具体的な文法と構造関係を学ぼうとする傾向を与える生得的な言語メカニズムを幼児がもっていない限り、これほど速く言語を学習することはできないと提唱しました。一九八〇年代初期に、作曲家のF・ラーダールと言語学者のR・ジャッケンドフは、この理論を音楽に採用し、言語構造の基礎をなす一種の階層が、音楽構造の基礎にもなっていると論じました。すべての単語はその文の中でその機能をはっきりさせる役割を割り当てられているというチョムスキーのツリー構造分析は、すべての音符はその機能をはっきりさせる役割を割り当てられているという、ラーダールとジャッケンドフの音楽フレーズのツリー構造分析と並置させることができます。二つのツリーは著しく類似しているように見えたのです。

一九九〇年代の間に行われた発話と音楽の両方を使う一連の研究は、両方の領域の特徴を速く暗黙に学習することには、もっと単純なメカニズムが貢献しているのではないかと示唆するように思われました。これらの研究は、幼児はどのように発話の流れを単語に分けることを学習するのかという基礎的な問いから始まりました。外国語を聴く経験について考えましょう。学習にとって最も厳しい最初の障壁の一つは、一つの単語がどこで終わり、次の単語がどこで始まるかを見つけ出すことです。

この状況をシミュレーションするために、心理学者のJ・サフランたち(5)は、音節の間の遷移確率(6)を除いて何ら区別のない、「バ・ラ・ド・ニ・サ」というような、連続する音節の束を八か月の赤ちゃんに聞かせました。それはたとえば、境目を指し示すようなアクセントのついた音節や一時停止のない語です。赤ちゃんに気づかれないように、研究者たちは「バ・ラ・ド」のような三音節の擬似語から構成されるような発話の流れを構築しました。擬似語を定義する唯一のものは、次にどの音節に移行するかの見込みでした。一つの擬似語の中では、「バ」の後に必ず「ラ」が続き、その後には常に「ド」が続き、その確率は一〇〇％でした。しかし、どんな擬似語にも他の擬似語が続くので、一つの擬似語の最後の音節の後に来る音節の遷移確率は、一〇〇％ではありません。事実、擬似語の「バ・ラ・ド」の最後の音節である「ド」と、次の擬似語の最初の音節である「ニ」の間の遷移確率は、三三％だけでした。音節のつながりの確率にこうした変化があることを除いて、擬似語には区別できる特徴はありません。赤ちゃんはとても長い音節のひと続きをただ聴いているだけのように思われました。

その後のテストで、幼児は擬似語を構成する三つの音節のつながりと擬似語になっていない三つの音節のつながりを区別できたのです。このことは、聞かされた音声の統計的な特徴を幼児がとらえていたということを明らかにしています。確かに、幼児はこうした統計を明白に追跡したのではありません。「ラ」の後には「ド」が一〇〇％の確率で続くと研究者に話しはしませんでした。それどころか、試しもしないで、大人が遂行できる早わざと同じように、暗黙のうちにそのことを身につけていたのです。

音節の代わりに区別できない音符のひと続きを使った研究は、音楽学習も同様に作用していることを明らかにしました。幼児も大人もどちらも、単純な一つながりの音を聴く中で、一つの音符から次の音符につながる可能性を抽出できたのです。音響的な事象についての統計的な情報を貯蔵するというこの傾向は、人が正式な指導なしに、単に没入を通して音楽と言語に対する有能さを獲得する能力を下支えしているようです。

人が最終的に獲得するそういった有能さは、言語と音楽では異なるようです。多くの人々は、発話を理解しかつ生み出す両方の能力を苦もなく獲得します。しかし、音楽の場合、多くの人々は、聴いて理解する能力は獲得しますが、楽器を演奏したり歌ったりするには専門的な指導が必要です。この差は、言語と音楽の間の本質的な非類似性によるものではなく、普及と使用の文化差によるものでしょう。ほとんどの赤ちゃんが発話のパートナーとの活発な対話に導かれるのに対し、日々の生活で定期的な音楽的交流に招かれるのは少数の赤ちゃんだけです。音楽をつくり出す能力は話す能力よりも人口の中でさまざまに分布しており、それは文化に帰属するところもあれば、生物学に帰属するところもあるという、その理由を研究者たちは調査し続けるのです。

（5） 楽音の統計的学習に関する古典的研究は、次のものである。J. R. Saffran, E. K. Johnson, R. N. Aslin, & E. L. Newport. (1999). Statistical learning of tone sequences by human infants and adults. *Cognition*, 70.1: 27-52.

（6） 遷移確率：一定時間内にある定常状態から別の定常状態に遷移する確率。

あるレベルで、言語は辞書に載せることができる意味をもつ単語から構成されています。こうした辞書の検索と同じようなものを提供する音楽分析の類似のレベルはありません。しかし、言語との比較の魅力は、何人かの学者をそそのかし、それを見つけさせようとしました。一九五〇年代、音楽学者のD・クックは、音程（二つのピッチ間の距離）を音楽的意味の原子レベルとして探究しました。[7] 彼は声楽の総譜（スコア）を丹念にめくり、各音程に設定される傾向にある単語を識別し、これらは慣習的な意味を構成していると論じました。たとえば、短六度は「絶え間ない変化の中での活発な苦悶」を表現すると彼は結論づけました。

しかし、常識は言語学的意味論の考えが音楽にそれほど直接に翻訳されないことを示唆しています。たとえば、私はメロディを具体的な現実世界の意味をもった音程の継続として経験することはありません。それでも音楽の範囲外での連想は確かに存在します。S・ケルシュはEEGを使って、抜粋曲を聴いて目標とする単語を思い出すことは、話された文章を聴いたときと同じくらいたやすくできることを示しました。たとえば、教会の讃美歌は、聴き手に「献身」ということばを想像させることができたのです。

アーカンソー大学の研究者たちは、以前に聴いたことがない歌詞の伴わないオーケストラの抜粋曲を人々に聴かせ、聴いている間に思い描いた話について自由回答で説明を求めました。[8] これは驚くほどに拘束のない課題です。研究者たちは幅広く異なった主観的な回答を期待しました。ところが、大多数の回答者は多くの抜粋曲に対して、話の中で同じことば、多くの場合、映画の連想から引き出された単語を使用していました。たとえば、リストによる抜粋曲を聴いた後、その曲はマンガの中で使われたことはなかったのですが、多くの人々は、急いでいるネズミや、二匹のネズミがお互いに追いかけっこしている様子や、ネコとネズミ、あるいは（もっと具体的には）トムとジェリーが出てくる物語を述べました。一八世紀の作曲家テレマンによる比較的ぼんやりした抜粋曲の後に自由に構成されたお話の八八％で、壮大な出来事を暗示する単語（ダンスホール、舞踊、祝賀イベント、魅惑的なパーティ、王室の結婚式）の一つが用いられていました。

この研究での反応の一致は、動詞の時制のような特徴に使われる具体的な単語を超えて広がっていました。出来事がすでに起こっていたという記述を引き出した抜粋曲もあれば、これから出来事がまさに起ころうとしているという記述を引き出した抜粋曲もあったのです。通常は比較的抽象的なものと考えられている音楽が、ある特定の文化の中では聴き手にとって直接の具体的連想の引き金になるということは印象的です。広告主は、自らの製品を特定の曲やスタイルに合致させて見せ

（7） 音楽の意味を分析するD・クックの非現実的な試みは、次の書籍で見られる。D. Cooke (1959). *The Language of Music.* New York: Oxford University Press.

（8） 音楽の物語記述における意見の一致の説明は、次の論文に見られる。E. H. Margulis (2017). An exploratory study of narrative responses to music. *Music Perception,* 35: 235-248.

ようとしたり、またコマーシャルの範囲では明らかに述べられることのない連想を呼び起こすことを試みたりすることによって、こうした関連の利点を利用することができるのです。

音楽ではない実体に言及することができるという音楽の力についての新しい発見にもかかわらず、こうした意味論的な連想は、音楽の意味に言及するときに多くの人々が考えることとは違っています。人が多くの場合に考えることとは、音楽がどのようにして自分たちの生活の中で重要性を獲得するようになるのか、なぜ音楽が重要なのかということです。同じ歌でも、その歌を聴いているときにガールフレンドと会っている人と、ガールフレンドと別れた人では、非常に異なった意味をもちます。何十ものテレビ番組や映画の中で使われてきたレナード・コーエン[9]の「ハレルヤ」は、カナダの野党指導者ジャック・レイトンの国葬や、二〇一六年のアメリカ大統領選後の『サタデー・ナイト・ライヴ』の最初の回といった公共行事でも使われました。リスナーのもつ背景や過去の経験に依存して、ある特定の曲が広範囲にわたる感情的な共鳴を帯びることがあるのです。

音楽が何かを伝えたり意味したりすると理解されうるあり方の一つは、運動システムに想像力豊かに働きかける力から来ています。十分に速い拍（ビート）でランナーにエネルギーを与えるとか、独奏チェロの悲しみに沈んだ音調の旋律でリスナーを同情的に包み込むといったことです。一連の音に音楽の範囲外の実際のことばの意味の指標としてアプローチするのではなく、音楽を聴くことは多くの場合、文字通り、音自体の中に想像力豊かに身を置くことを伴っています。音楽があらわす他の何かの概念よりもむしろその音響の特質にまず人を方向づけるのです。ことばを超えたこの種のコミュニケーションは、経験それ自体の種子と表現されることもあります。

しかし、言語と同じように、この種の意味でさえ文化に非常に依存しています。神経科学者のP・ウォンたちが、[10]インドのビハール州のいなかで育ち西洋のクラシック音楽をほとんど聴いたことのない人と、イリノイ州シカゴで育ちインドの古典音楽をほとんど聴いたことのない人では、他の文化の抜粋曲に対する認知記憶が低下するのみならず、基礎的な表現の取り組みに関連した課題に対しても、有意に異なる反応をすることを見出しました。たとえば、馴染みのない文化の音楽における緊迫した印象は、ネイティブのリスナーのもつ印象とは合致しませんでした。インド人の両親のもとでシカゴで育った人は、子どものときからインドと西洋のクラシック音楽に触れてきており、両方のスタイルに同じように反応し、記憶の成績や緊迫の知覚の観点では両者を区別していませんでした。すべての種類の音楽的意味は、こころと文化の間の複雑な相互作用から生じているのです。

（9）レナード・コーエン（Leonard Cohen, 1934 - 2016）：カナダのシンガーソングライター、詩人、小説家。代表曲は「ハレルヤ」（*Hallelujah*, 1984）。

（10）複音楽性（バイ・ミュージカリティ）の研究は、次の論文に見られる。P. C. M. Wong, A. K. Roy, & E. H. Margulis (2009). Bimusicalism: The implicit dual enculturation of cognitive and affective systems. *Music Perception*, 27: 81-88.

音楽—言語の相互作用

楽器について広範なトレーニングを受けるというような、音楽についての特別な経験をもった人々もいますし、多言語を流暢に話すといった、言語についての特別な経験をもった人々もいます。発話と音楽を処理する認知システムの間に共通部分があれば、一方の領域での経験または適性は、他方の領域の能力に影響を与えることがあるといえます。早期の音楽トレーニングは、子どもたちが慎重に音に注意を向けることを促します。子どもたちは入念に聴き、ピッチを合わせ、聴いた音を時系列で再生する必要があります。早期の音楽トレーニングを受けた子どもたちの場合、音についての情報と高度な処理センターとを中継する任務を負う脳幹部の細胞からの、より正確な周波数対応反応が示されます。子どものときに音楽を学んだ大人は、たとえトレーニングをやめて十数年たった後でも、忠実度の高い神経反応による恩恵を受け続けます。

脳幹部においてピッチをたどる正確さが増すことは、音楽のトレーニングが読解力に付与すると示されてきた利益にいくらか貢献しているように思われます。なぜなら、読解のスキルが音韻意識に基本的に依存しているからです。音韻意識とは、言語を構成する音を文法的に説明し表現する能力です。音楽のトレーニングを通して発達した優れた聴覚情報処理は、子どもが読むことを学ぶのに役立ったり、人が騒音の多い環境で提示された発話を理解する能力を改善したりするかもしれません。しかし、このトピックに関する研究の多くは、トレーニングを受けさせるグループと受けさせないグループに子どもたちをランダムに割り振るのではなく、音楽トレーニングを受けなかった子どもたちとたまたま受けた子どもたちを比較しています。音楽のレッスンに参加する子どもたちが最初に聴覚情報処理に対する高い適性を持っている傾向にあるなら、結果としての言語的利益は、トレーニングそのものからよりはむしろ、この根底にある適性の違いから自然にもたらされたかもしれないのです。

音楽のトレーニングの最も重要な構成要素の一つは、正しいテンポへの注意を導くことにあります。すなわち、ある事象がいつ生じるかを先を見越して予測するために音に向き合うということです。たとえば、生徒は二重奏で自分がいつ入るかを理解するために、入念に聴く必要があるでしょう。正しいテンポに注意を割り当てる練習によって、音楽的なトレーニングが他の領域での成績に与える何がしかの利益を補強するかもしれません。何十人もの子どもたちを巻き込んだ研究では、幼稚園の子どもたちがリズムを再生する力が、小学校二年生の読解力を予測することが示されました。その上、拍（ビート）と最もうまく同期できた未就学児童は、事前に行った読み取りテスト・バッテリーでも最高点を示していました。音楽のトレーニングは、大人における優れた外国語学習とさえ関係しています。音楽トレーニングを受けた人は、馴染みのない音調言語[11]（標準中国語やタイ語のようにピッチが単なる音声の抑揚ではなく、意味論的な意味を伝えるような言語）を聞くとき、より正

（11）　音調言語：中国語のように、発音の抑揚によって語の意味が変わる言語のこと。声調言語ともいう。

確に言語ピッチを記号化します。こうした利益は、臨床集団にも応用することができます。音楽のトレーニングが、失読症（ディスレクシア）のような読書機能障害の子どもたちのスキルを改善するのです。

言語処理に音楽が与えるインパクトは、ピッチとタイミングのかかわりの増大のみならず、より一般的な聴覚パターンとのかかわりの増大からも生じます。音楽のトレーニングを受けた人々は、音楽構造と言語構造の両方で、優れた潜在学習を示します。聴覚注意と作業記憶から、目標を設定し追求する力である実行制御までの実行機能においても、総合的な改善が示されています。それは新しい言語を習得する力に影響するでしょう。

音楽的能力と言語能力の間のこうした関連は、双方向のようです。音調言語を話す人は、話さない人よりも、さまざまな音楽的知覚課題（たとえば、ピッチの記憶やメロディの弁別）で良い成績をとります。また、彼らはバイリンガル（流暢に二つの言語を話す人々）がそうするように、より効果的に音楽のピッチを追跡します。

発話と音楽との境界線

発話と音楽は一般的には異なったタイミングの断面を示します。発話の音の周波数は、子音と母音がお互いを引き継ぐように小刻みに変化します。一方、音楽演奏の周波数は、よりゆったりと変化し、より安定性を示す傾向にあります。個々の音符は、次の音符に変わるまで個別の持続時間が維持されます。さらに、音楽はある程度の時間的規則性を特徴とする傾向にありますが、話すことはそうではなく、一般的には、話すのに合わせてよりも歌に合わせて手を叩く方が容易で、社会的に許容されています。しかし、音楽と発話の間の境界線は穴だらけで、文化の影響を受けています。S・ライヒの弦楽四重奏「ディファレント・トレインズ」[12]は、記録された発話の断片を取り入れています。通底するメロディが上手に使われ、楽器の間を行ったり来たりします。ラップのアーティストは、人のこころをつかんで離さない音楽の演奏を編み出すために、高度なテクニックで毎日の発話の中に隠れている韻とリズムを利用します。

いくつかの主要な類似点が、これらの境界線を容易にぼやけさせます。音楽も発話も、個々の部分(フレーズやセンテンス)からなり、それらが階層的にまとまってより大きな構造(セクションやパラグラフ)を形成する傾向にあります。これらの部分の終わりに、音はピッチが下がり、ゆっくりになります。速くてピッチが高いといった一定の特徴は、発話と音楽のどちらで生じるかにかかわらず、類似の表現機能と合致する傾向にあります。たとえば、ピッチが低くゆっくりの音だと悲し

(12) 「ディファレント・トレインズ」(*Different Trains*, 1988):ヒトラー政権下で行われたユダヤ人迫害を題材にした作品で、当時を回想する老人たちのことばを使って、スティーヴ・ライヒ(Steve Reich, 1936-)はこの悲劇を描いた。老人たちの声がテープに録音され、器楽がそのイントネーションを模倣するというスピーチ・メロディと呼ばれる手法による弦楽四重奏曲。

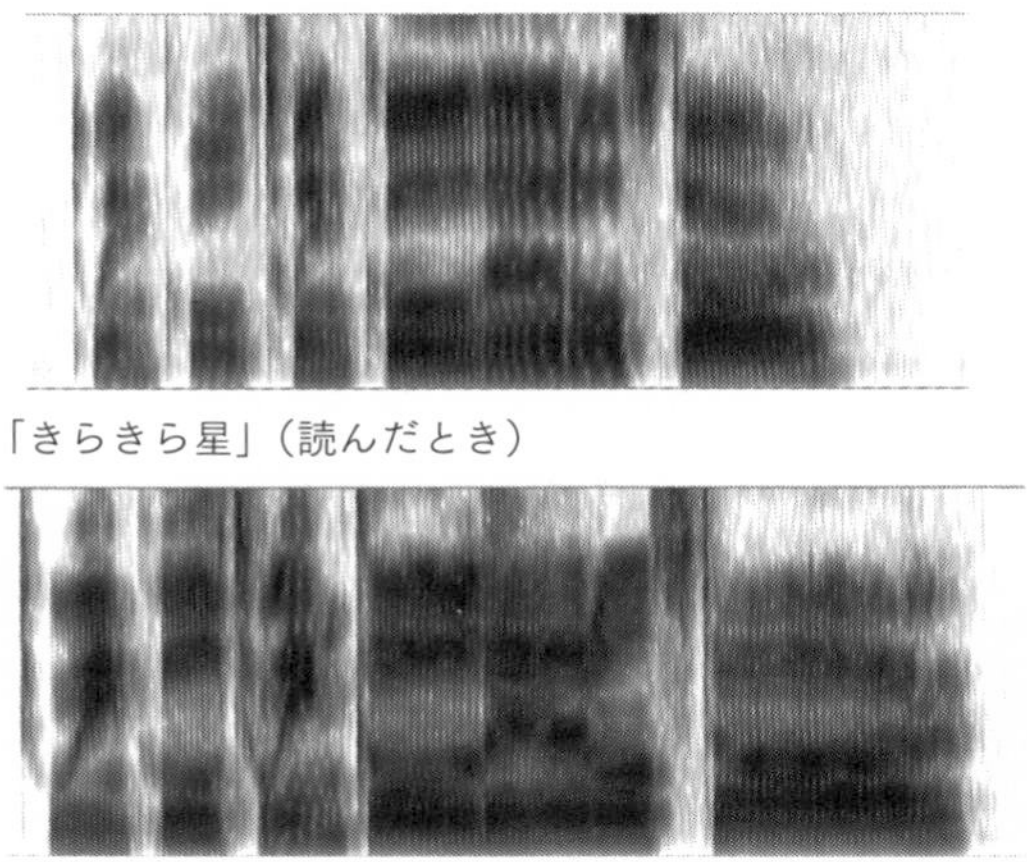

図４　「きらきら星」を歌ったときと読んだときのスペクトログラム

スペクトログラムは、音を再現する方法です。x 軸は時間をあらわし、y 軸は周波数をあらわします。画像の陰影は、そのときのその周波数に存在するエネルギー量を意味しています。上の帯は、「きらきら星」を歌っているときのスペクトログラムです。下の帯は、同じ人が「きらきら星」の歌詞を読んだときのスペクトログラムです。歌唱されたときの周波数は、読んだときのものよりも長い時間安定しています。

［著者の収集］

いと解釈される傾向にあるのです。

心理学者のＤ・ドイチュは、発話と音楽の間の境界線が現実にはいかに薄っぺらいものかをあらわにする印象的な知覚的錯覚を発見しました。まず人々は発せられたある音声の全体を聞きます。次に、この音声の短い断片（たとえば数語）を繰り返し聞きます。これを何度も聞いた後で、再び最初の完全な音声を聞きます。約八五％の人には、繰り返された断片部分が、今や劇的に音声の残りの部分から際立って聞こえています。その部分があたかも歌のように響くのです。

発話－歌錯覚では、音の順序は何ら変わっていません。[13] 変化はリスナーのこころの中で生じるのです。幾度となく繰り返された後、最初は話しているように響いていた同じ断片が、歌っているように響き始めるのです。このシナリオでは、繰り返しは音楽化の力として作用しています。繰り返しは、発話よりも音楽化することが多いといえます。繰り返し続けることで、ランダムな音色の連なりは、環境音の断片と同様に、より音楽的になります。数回聞かされれば、しずくのピチャピチャいう音やシャベルで岩をかくときのキーキー音が、最も目立つリズムとピッチをもった意図的な音楽行為のような音になるのです。

音楽の構造は、言語の構造より繰り返しを非常に多く含む傾向にあります。たとえば、ポップスのコーラスは、ヒットチャートの順位に明らかに不利となることなく、何度も繰り返されます。しかし、あなたの会話の相手が、同じ頻度で繰り返し何かを言ったなら、それは通常不快でしょう。繰り返しは、音楽への参加の中心的な要素である音によって、参加型の指向を促しますが、それは言語的な知覚にとってはさほど重要ではありません。何度も聞いた後には、リスナーは次に何が来るのかがわかり、予測して、それに合わせて歌うことができます。音を聞くというよりはむしろ音

（13） 発話－歌錯覚は、次の論文で提示された。D. Deutsch, T. Henthorn, & R. Lapidis (2011). Illusory transformation from speech to song. *Journal of the Acoustical Society of America*, 129.4: 2245-2252.

で聴くというこの性質は、私たちが音楽にもたらす特別な種類の関与であり、とりわけ象徴的なものです。

発話を聞いた後に残る、そこで使われた個々の単語の逐語的な記憶は、多くの場合かなり貧弱です。その代わり、実際の内容を伝える要旨の記憶が上昇する傾向にあります。話された単語が、関心のリアルな対象（意味論的意味）に対する単なるパイプとして機能することもあります。音楽の経験は通常、こんなふうにはまとめられません。個々の構成要素である音のニュアンスと質感は、それが伝えるいくつかの抽象的な内容のために、切り捨てることができないのです。

繰り返しは、リスナーにすでに聞いた音の新しい部分に強制的に注意を向けさせることもあります。それにより、音の素材それ自体への、またそれに伴う表現の音楽的側面への関与を増加させるでしょう。通常の発話では、頭韻法、(14)繰り返し法、特別なメロディとリズムをもった強調で、この音楽の可能性を利用することがあります。このことは、公衆に向けた演説や掛け合いスタイルの説教においてかなりの頻度で起こります。マーティン・ルーサー・キング・ジュニアの「私には夢がある」という演説は、聴衆を決意の共有に駆り立てるような繰り返しの合唱とダイナミックな感情の高まりを用いています。このような演説では、参加しているという感覚と共有している意図を鼓舞するために音楽的な戦略が採用されていると考えることができます。

(14) 頭韻法：文体における手法ないしは文学の技法の一つである。連続する単語（正確にはストレスを置く音節）が同じ音の子音または文字で始まるものを指す。

第4章

正しいテンポで聴くこと

音楽は、音符に継ぐ音符、瞬時に継ぐ瞬時というように絶えず変化していきます。演奏は、一斉にすることはできません。リスナーは、過ぎていった事象を再構築するために記憶システムを使い、現在鳴り響いている事象を取り入れるために知覚システムを使い、次に何が起こるかを予測するために予測のメカニズムを使い、過ぎていく音楽の各瞬時を見極めなくてはなりません。これらのシステムすべては、それぞれの個々の事象がいつ生じたかの経験に影響を与えます。そして、連続する「いつ」を拍、リズム、始まりと終わりといった具体的なテンポの知覚にまとめる能力にも影響を与えます。

拍子とリズムを知覚すること

音楽に最も特有のテンポの経験の一つは、拍子です。それは、進行している音楽の流れの中で、ある時間点が拍として特別な地位を獲得しているという感覚です。拍として機能する時間点は、お互いにほぼ等しい時間間隔で続きます。拍のうちのいくつかは強く感じられ、いくつかは弱く感じられます。多くの場合、強−弱（二拍）や強−弱−弱（三拍）というパターンで続きます。

聴覚的手掛かりは、時間点が拍として作用することに影響します。たとえば、とりわけ大きい音でとりわけ低い音符の特徴が出ている瞬間は、拍として機能しやすいのです。特に、規則的な時間間隔でそれに先行する他の瞬時が同じように強調されている場合にそうなります。しかし、音響的な特徴だけでは、拍子の知覚は説明できません。多くの種類のエビデンスは、拍子という経験の発生には人間のこころが積極的な役割を果たしていることを指し示しています。

一つには、音響的区別が全くない音（たとえば、車の運転手が方向指示器を出したことを伝えるカチカチという音）でさえ、知覚的な変換を受け、強拍と弱拍を交互にしているように聞こえることがあります。たまに、運転手が方向転換をしようとしているというよりも、ダンス音楽を楽しんでいるみたいに首振りを始めることもあります。この現象は、主観的リズム化と呼ばれますが、説得力のある音響的手掛かりのないときでも、こころが拍子を生み出すやり方を例証するものです。

もう一つに、あるパッセージは拍子があいまいで、たとえば、二拍にも三拍にもどちらにも聞こえることがあります。人は先に二拍子や三拍子のパッセージを聴くと、あるいは前もって二拍子や三拍子を想像するだけで、二拍あるいは三拍ごとに生じるアクセントが聞こえるようになっています。言い換えれば、単にこころの構えを調整することによって、人は異なったアクセントのパターンを実際に聴くことができるのです。

ひとたび人がある特定の拍子を知覚し始めると、音響的手掛かりはその拍子を狂わせるのに苦労します。たとえば、拍子がしっかりと確立されると、正しい位置に休止を入れることは、拍子が変化したというよりも、音がないこと自体がアクセントになるという知覚に帰結します。軽快で拍子はずれのアクセントを入れたとしても、知覚した拍子がこうした新しい強調に合致するよう移行するということにはなりません。そうではなく、人はかたくなに元のパターンにしがみつき、新しいアクセントをシンコペーションとして響かせることを許容します。現代ポップスでよく見られるシンコペーションは、基になる拍をもちつつフェーズの外に進み出る強調の瞬間の連なりです。このミスマッチが、迫力とダンスのしやすさという特別な質を与えるのです。

事実、すべての音楽の特徴のうち、拍子は体の動きに最も密接に結びついているようです。神経画像処理は、運動システムの諸側面がビートのきいた音楽によって活性化され、ビートのない音楽では活性化されないことを示しています。どの音楽の抜粋曲が楽しい感動に導くかに関して、人々は広く意見が一致しています。こうした抜粋曲は、「高いグルーヴ」[1]があると呼ばれ、自発的でリズミックな動きを引き出すと同時に、体の動きと音楽のテンポ構造との間を正確に連結します。[2]

拍子は階層的な組織に依存しています。この階層の感覚を得るために、人々が集団で歌に合わせて手を叩くところを想像してみてください。こうした拍手では、人々が容易に同期できる特別に優先される拍子の水準がはっきり表現されています。しかし、集中力をもつと、二拍手ごとに足を踏み鳴らすこともできるし、四拍手ごとに首を振ることもできます。こうした足の踏み鳴らしと首振りは、高次の拍子階層をあらわしています。人が拍手しやすいレベルの拍は、六〇〇ミリ秒ごとである傾向にあります。これは一分間におよそ一〇〇拍（ｂｐｍ）[3]ということで、多くの場合、音楽のテンポや速度の単位として測定されます。多くの曲は六〇～一二〇ｂｐｍの間のどこかに落ち着くテンポです。この望ましい範囲は、人の一般的な歩く速さや、心臓の通常の鼓動や、新生児の母乳を吸う頻度に一致しています。

人は、将来の時点で起こる事象を積極的に予期し、これら三つのテンポの組織と予測的に相互作用しています。メトロノームのカチカチという音に合わせ、手を叩くよう頼まれると、きわめて正確に（豊かな音楽的文脈に対する反応ではさらにうまく）できますが、カチカチの音に厳密には同期していません。二〇～六〇ミリ秒早く叩いてしまうのです。リスナーは、予測的な処理に取り組んでおり、音楽的事象が生じると期待されるちょうどの時点よりも前もって注意することを目標とします。分離してよりも連続でいくつかのテンポの間隔が提示されるときに、人はテンポの変化を心にとどめ、持続時間をより正確に判断します。なぜなら、その連続が予測を可能にするからです。音楽がテンポのパターンをはっきり確立すればするほど、前もってパターンを計画し、具体的な期待を形成しやすくなるのです。

特定の時点に注意を向ける方法としての拍子の知覚に対する最も強いエビデンスは、人はピッチの変化を、強い拍で生じているときに容易に見つけるという発見です。おそらく、予期される拍が生起する前に注意を向けるために、この知覚の恩恵が生じます。この論理をひっくり返すことは可能で、実際にはこの予期が拍子のアクセントを定義すると主張することができます。拍とは、人々

（1） グルーヴ：集団で高揚し、盛り上がり、躍動すること。
（2） 音楽的グルーヴ（ノリの良さ）に関する研究は、次の論文にある。P. Janata, S. T. Tomic, & J. Haberman (2012). Sensorimotor coupling in music and the psychology of the groove. *Journal of Experimental Psychology: General*, 141.1: 54-75.
（3） bpm（beats per minute）：直訳すると「分ごとの拍」で、一分間の拍数をあらわす。

が特別な予期焦点を定める時点なのです。この視点は、演奏家にとって実践的な予期せぬ影響をもっています。その音符を強い拍で正しく奏する限りでは、入り組んだ部分でちょっとしたパッセージワーク(4)をごまかすことができるということです。より哲学的な予期せぬ影響もあります。音楽が多くの人々のテンポの指向性を同期させ、公開のコンサートで人々の結びつきや交流の感覚に貢献するという、音楽がもつ手段を明らかにするのです。

知覚的な限界が、私たちが正しいテンポでどのように音楽を聴くかを妨げています。一〇〇ミリ秒未満で音楽的事象を分けるとき（一秒間に一〇以上の速度で音符が続いていくとき）、それは個々の音というよりむしろ単一の連続音として、あるいは不確かな長さや数の事象のつながりとして、経験される傾向にあります。しかし、一五〇〇ミリ秒以上の長さで事象を分けるとき、それらのリズムが関係している感覚を維持することは困難になります。それらは、リズムの明瞭なつながりを欠き、より分離した出来事のように思われます。そのため、多くの音楽的事象は、一〇〇〜一五〇〇ミリ秒の間のスウィート・スポット（ちょうどいいところ）で生じているのです。

しかし、作曲家はこれらの限界を意図的にもてあそびます。二〇世紀の芸術家C・ナンカロウ(5)は、キャノンXと呼ばれる自動ピアノのための小曲を書きました。その曲では、一つの声部が一秒間に四つの音符の合理的な速さで始まり、もう一つの声部が一秒間に三九の音符といういくぶん合理的でない速さで始まります。曲が進むにつれて徐々に、速い声部はゆっくりとなり、ゆっくりの声部は速くなり、最後には一秒間に一二〇音符の速さに達します。その速さを人間の指で奏することは物理的に不可能ですが、自動ピアノのメカニズムでは全く問題ありません。人には通常、聴いている音楽が速いか遅いかどうかのはっきりとした感覚があります。この努力を要しない知覚は、一分ごとに生じる拍の数だけではなく、拍ごとに生じる事象の数にも由来しています。世の中の身体運動の経験もテンポの判断に影響を与えます。子どもは大人よりも速いテンポを好みます。テンポの好みは、成人期を経て高齢期にかけて徐々に遅くなります。

拍子とテンポの知覚とは別に、音楽の時間の最も顕著な側面はリズムです。定義が難しいことで悪名高いリズムは、音楽的事象の持続時間（短いか長いか）がお互いどのように関連し、展開する拍子枠組みとどう関連しているかについての知覚を含んでいます。事象の発現のタイミングは他の属性（たとえば、事象がどのくらい持続するか）のタイミング以上にリズムに影響します。一〇〇〜一五〇〇ミリ秒の時間帯の中での事象では、継起（何が何の前に来て、何が後に来るか）が知覚にとってきわめて重要です。同様に、事象と事象の間の時間の長さも重要です。こうした特徴の重要性の感覚を得るために、「ハッピー・バースデー」のようなお馴染みの曲を想像してみましょう。音符の時間的な順序をごちゃまぜに入れ替えると、その曲を認識することができなくなります。音符の発現の間の持続時間を標準化し、リズムをならして伸ばすと、「ユー」に対応する音符は、もはや

（4）パッセージワーク：主題の間にあらわれる橋渡し的で技巧的な速い経過句のこと。
（5）サミュエル・コンロン・ナンカロウ（Samuel Conlon Nancarrow, 1912-1997）：アメリカ生まれのメキシコの現代音楽作曲家。

「ハッ・ピー」に対応する音符よりも長くはなくなります。

しかし、曲のもつリズムを感知するのを決めるのは、事象の順序や、事象の発現の間の時間的な間隔だけではありません。これらの持続時間が基調にある拍子にどのくらいそっているかも等しく重要です。たとえば、典型的により長い音符は強拍と合致し、より短い音符は弱拍と合致します。このパターンを逆にすると、特有のエネルギーが生まれます。個々の音楽的事象は、より大きなグループの事象（音の断片、楽句、楽節、小曲）にまとめられます。これらのグループは、拍節罫線の上に必ずしもきちんと置かれるものではありません。強拍で始まるかもしれないし、それより先に前のめりに始まるかもしれません。拍節のアクセントで強打で終わるかもしれないし、弱拍で穏やかにフェードアウトすることもあるでしょう。基調にある拍節に関係した事象やグループの配置が、リズムを活性化し、そこに生気を与えるのです。

メロディと音声の時間的出現

心理学者は、音楽を理解するために言語の研究から多くのモデルを借りてきましたが、音楽的な事象の反復進行からグループがどのように出現するかを理解するためには、視知覚の研究に頼っています。二〇世紀前半のゲシュタルト心理学によれば、人は対象物がお互いに近くにあるとき、類似しているとき、同じ道をたどるとき、それらをグループとみる傾向にあります。たとえば、大きな隔たりによって分けられた点の並びは、二つのグループと知覚される傾向にあります。最初の半分が白で後半の半分が黒という点の並びは、二つのグループと知覚される傾向にあります。半分が上方に、半分が下方に動く点で満たされた視野は、上方に向かう点と下方に向かう点の二つの合成単位として知覚される傾向にあります。

こうした原理は、テンポの継起で生じる個々の音符から、メロディのようなより大きな統一体の知覚の形成を説明するのに役立ちます。無音の切れ目によって切り離された一連の音符は、休符の前と後という二つのはっきりした区分に分けられる傾向にあります。小さなステップで上方に動く一連の音符は、あちこちに飛ぶ音符より、統一されたものとして聞きやすいのです。心理学者のA・ブレグマンは、聴覚の情景分析の問題の説明を補助するためにこれらの洞察を応用しました。[6]滴り落ちる水の音、部屋の床板のきしむ音、または交響曲のバイオリンのメロディや打楽器のリズムを拾い出し、どのようにして人は音風景をそれぞれの構成要素に解析するかを分析したのです。音響心理学のメカニズムの吟味は、この問題がなぜ最初に解決される必要があるのかを明らかにするのに役立ちます。

音は、たとえば親の声とか録音されたフルートの音のようなオリジナルな音源から、振動する空気の柱を経由して人間の耳に届きます。これらの振動は、空間内のすべての音源が組み合わされて

（6） 聴覚の情景分析に関する知見は、次の著書に述べられている。A. S. Bregman (1994). *Auditory Scene Analysis: The Perceptual Organization of Sound.* Cambridge, MA: MIT Press.

できた活動をあらわしています。声を運んでくる空気とフルートの音を運んでくる空気、エアコンのブンブンいう音の空気の流れは分離されていません。最終的に鼓膜に到達する空気の柱が構成する動きの中に、これらに寄与するものすべてが混ざり合っています。これらの振動膜が中耳内の小さな骨にエネルギーを伝え、次に、基底膜の伸びるのにそって巻き上がる構造をもつ蝸牛の内部にある流体に波を生じさせます。この膜のさまざまな部分が、選択的に特定の周波数に反応して振動します。この運動は、有毛細胞をかき乱し、聴覚神経に電気的な活動を発生させ、信号の鎖を開始させます。最終的には、大脳皮質内の高次な処理センターに活動を伝え、音の知覚を導きます。

そして、耳に入る信号は、単一の波からなり、声とフルートとエアコンが発したすべての音の周波数の合計をあらわしていますが、最終的には聴覚の知覚は三つのはっきりとした音の流れを含んでいます。聴覚の情景分析は、なぜ耳はこの分離を欠く物理的信号から、一見たやすく個々の音の流れを弁別するのか、という問いに取り組むものです。ゲシュタルト心理学者が、知覚の群化の法則の影響を例示するために点のイメージを使ったのと同じように、ブレグマンは録音された音を用いて、類同の要因がはっきりと異なる流れにカテゴリー化するのにいかに影響しているかを示しました。

たとえば、ブレグマンは、中くらいの速さで演奏する場合、一つの声部を高いピッチと低いピッチに交互に変化させると、あちこち飛ぶように響くことを示しました。しかし、とても速く演奏すると、二つのはっきりと異なる音（一つは高い音符、もう一つは低い音符からなる）に変形するのです。

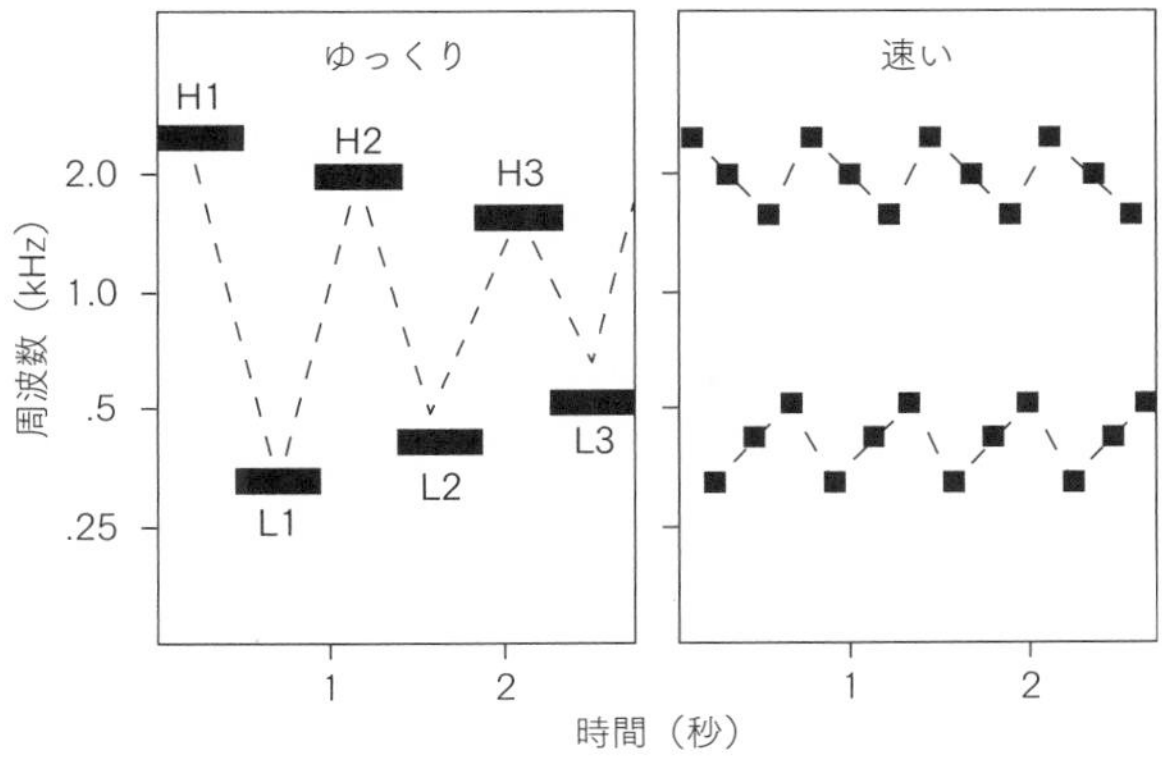

図５　音脈分凝

ゆっくり演奏されると、高いピッチと低いピッチで飛躍する一連の声のように聞こえますが、速く演奏されると、高い音符と低い音符から成り立つ２本の流れに分かれます。

［A. S. Bregman & P. A. Ahad (1996). Demonstrations of auditory stream analysis: the perceptual organization of sound.］

さらに、音符の持続時間のパターンによって生じたリズムの印象は、単一の声部に属するとすべて聞こえていますが、二つの流れに分離すると消えてしまいます。声部が分離すると、高い音符と低い音符の継起によって生じるリズムの関係に対する感受性が失われ、その代わりにそれぞれ個々の声部の中のリズムの関係に注意が向きます。たとえば、管楽器にはリード楽器や金管楽器の響きがありますが、個々の音符の音色の変化が、二つの（それぞれの音色に対して一つずつの）流れに知覚が分離する引き金となります。

この種の数多くの実証を通して、ブレグマンは、人は聴覚の情景を個々の音脈に分析するために、近接性（ピッチとテンポ）と類同性（たとえば音色）といったゲシュタルトの法則を使うことを明らかにしました。彼は、聴覚の情景分析に対するこれらの発見的手法（十分な時間は有利に作用するという基礎的規則）は進化の圧力から生じたものだと理論化しました。現代の人間の先祖は、大きい音が捕食者の出しているものかを判断するために、音風景を素早く解析しなければならなかったということです。

これらの知覚的な妙技が可能になる過程を科学者が研究するずっと前に、作曲家はこれらを活用して音楽を作っていました。バッハ、ヘンデル、ヴィヴァルディのような一八世紀初期の作曲家は、作品の中でみごとな名人芸を駆使して、バロックの美的理想を追求しました。普通は一度に一つのメロディしか演奏できないバイオリンのようなソロ楽器向けの作品では、高度に装飾的な技巧は制限されるかもしれません。しかし、これらの作曲家は、あたかも多重の声が単一の楽器から巻き上がってくるように思えるよう、聴覚の情景分析の特徴をあざやかに操作しました。たとえば、彼らは孤立した高音を、それ以外では中音域を占める速いパッセージの中に挿入しました。高音は他の音符に結合するというよりは群としてまとまり、最初の声部の対位法として第二の声部が聞こえる傾向にありました。バッハのバイオリン・パルティータ短調のアルマンド[7]（BWV1002）[8]の出だしは、この技法の良い例証です。

東アフリカの木琴音楽は、二重奏で高いピッチと低いピッチの順番を操作することにより、これと似たような印象効果を生み出します。分離した音脈の中で集まったり離れたりしながら、これらの音符をどのように行ったり来たりさせるかということによって、二人の奏者の個々の単純なリズムの演奏が、入り組んだリズムをもった複雑な印象を生み出すことができるのです。拍子のように、音楽の群化は多くの階層レベルで生じます。数個の音符が群化して、はっきりと区別できる断片になります。数小節が楽句になり、数楽句が楽節に、となっていくのです。これらの群化を人が知覚的に理解する容量は、依存する記憶システムに従って異なります。聴覚記憶が約五秒を超えないので、この時間尺度を超えたリズム関係を直接経験することは難しいのです。楽式のような、より大きな尺度の時間的関係は、感覚ではなく認知の方法で知覚される傾向にあります。(9)

この区別を例示するために、あなたの好きな歌のサビの部分——多数の箇所で繰り返される、人のこころをとらえる断片——のリズムを聴くときの聞き方と、コーラス（合唱）でそれを再現したリズムを聴くときの聞き方の違いを考えてみましょう。せいぜい五秒のサビは、短い事象と長い事象の連続からなっており、そのリズム関係はあたかも考えるものではなく感じるものであるように思えます。一方、歌の楽式は、三分ほどの長さで、合唱と交互のヴァース(10)とで構成されて

（7）アルマンド：ドイツの舞曲を起源とするゆったりした四分の四拍子の様式。
（8）BWV1002：BWVはBach-Werke-Verzeichnis（バッハ音楽作品目録）の略。ドイツの音楽家W・シュミーダーによるバッハの作品の目録で、ジャンルごとに番号が振られている。
（9）大規模な知覚を形成することに失敗するという研究は、次の論文に見られる。N. Cook (1987). The perception of large-scale tonal closure. *Music Perception*, 5.2: 197-205.
（10）ヴァース：本編コーラスに入る前の導入部分のこと。

います。すると、歌について思い返し、合唱の生起とそれをとりまく題材との時間的関係の感覚をもつことは可能ですが、楽節の持続関係は、感覚としてはほとんど思い出せず、顕在記憶、認知、聴覚的想像（前に聞いた何かを思い出したり、聞き直そうとしたりすること）の方をよりあてにしているのです。

曲の出だしで生じる音楽的事象が、リスナーが終わり近くで聴く事象にどの程度影響を与えるかは、論争中の問題です。一方、クラシック音楽の小曲を二度聴いた後、音楽のトレーニングを受けた人と受けていない人のどちらも、個々の音の断片が最初、途中、最後のどこにあったかをざっと識別することができました。(11) 他方、ベートーヴェンのソナタを聴いた後、音楽大学の学生は、その曲の提示部（最初の長調の部分）が繰り返されたのかどうかを想起できませんでした。彼らは、全体の楽節を一度聴いたか、あるいは二度聴いたかが単にわからなかったのです。さらに、ソナタを終結させる二つの和音の前で休止されたとき、学生たちはこの曲がもう一～二分続くと予測しました。二つの和音による特徴的な終結の公式がなければ、テンポをあらわす部分や形式についてその曲が最後の瞬間に達したことを示すものは何もありません。音楽学生は、ソナタ形式について多くの明確な知識（この種の小曲で典型的に生じる具体的な反復進行の事象）を学んでいます。学生たちはそれらを手掛かりにして、楽章の終わりが差し迫っているという事実を知りますが、音楽を聴くという感覚的な経験に、この概念的な知識を統合することはできないようです。

これらの知見は、哲学者J・レヴィンソンの「音楽は現在に焦点を置いた注意に依存している」

という議論を導きます。[12] その注意とは、何か大規模な形式についての明白な意識というよりも、まさに今鳴ったばかりの音符が次に鳴ろうとしている音符をどう導くのかという感覚です。おそらくこの立場は、大きな時間尺度よりも小さな時間尺度の重要性を誇張しています。けれども、高レベルの構造を強調し、時には多くのリスナーを惹きつけたり圧倒したりする瞬時的なダイナミズムを除外するような音楽理論的伝統にとっては、有益な是正を提供するものです。心理学の観点からは、音楽の進展につれ概念的知識がリアルタイムの聴くという行為にどう関連しているかについて考えることが、さらなる研究の重要な話題（トピック）であることが示唆されています。

もし音楽時間の知覚についての考えが最高レベルであいまいになるならば、最低レベルでも同じようにあいまいになります。西洋スタイルのリズムの記譜法について学んだ人は誰でも、二分音符は四分音符の二倍の長さであることを知っていますが、コンピュータを除いて誰も実際にそのようには演奏しません。人間の演奏家は、表現を豊かにするタイミングを使い、その効果を出すために一〇ミリ秒単位で音符を短くしたり長くしたりします。演奏家はストレートに演奏するように頼まれても、表現豊かに音調の変化を全くしないように頼まれても、音楽の記譜法があらわす正確な整

（11） リスナーは曲のいろいろな部分がどの場所にあったかを大まかに言うことができるという研究は、以下の論文である。E. F. Clarke & C. L. Krumhansl (1990). Perceiving musical time. *Music Perception*, 7.3: 213-252.

（12） 哲学者が、大規模な聴き方よりも小規模な聴き方の優位性を提唱する本は、J. Levinson (1998). *Music in the Moment*. Ithaca, NY: Cornell University Press.

数比率を達成することはありません。リスナーは、二〇〜五〇ミリ秒の幅で表現豊かな変化音を見つけることができます。そして、この程度のミクロな時間が生み出す微妙な差によって、聴衆に涙をもたらす演奏と涙を拭い去る演奏との間の違いをつくり出すことができるのです。

二つの持続時間の間の実際の関係は切れ目なく続き、一つの音符は次の音符より少しだけ長く、あるいは「ほんの少しだけ」長くするなどのことがありえます。二〇〜五〇ミリ秒の下限に満たなくても、リスナーはこうした関係を表現豊かなニュアンスとして聴くことができます。しかし、リズムの関係を聴くとなると、カテゴリーの知覚が、たとえば一対二とか一対三といった馴染みのある整数比の階級に、その関係をはめ込むように介入します。二つの音符の間にある数えきれないほどの持続時間関係はすべて、これらの整数比のより正確な演奏表現か、あるいはより不正確な演奏表現かで知覚される傾向にあります。最初の音符が次の音符よりも二・二倍長いとき、正確に二・二対一と感じるのではなく、表現豊かに二対一の比で伸ばされたように感じます。リスナーがちょうど今聴いたその持続時間に合わせて手を叩くよう求められたら、これらの知覚した整数比のカテゴリーに正しく戻す傾向にあります。

音響的環境に早くからさらされること（子どものときに私たちが聴く音楽）で、こうした定義されたカテゴリーが生じます。言語的な対応を思い起こしてみると、「r」の音と「l」の音の間の連続体は、英語を聞いて育つ赤ちゃんでは、二つの別々のカテゴリーに分かれますが、「r」の音と「l」の音の別々の音素が存在しない日本語を聞いて育つ赤ちゃんでは単一のカテゴリーに合併されます。同様に、これほど多くの西洋音楽が整数比の持続時間（たとえば、一つの音符は他の音符より二倍あるいは三倍長い）を使うという事実は、私たちに複雑なリズムをこうした単純なカテゴリーが多様化した例として聴くようにさせています。

リズムのパターン自体は、それが出現する元となった幅広い音響文化の足跡を包含しています。[13]英語のような言語は、強勢によるリズムをもった言語であり、個々の音節の持続時間が高度に変動しながら継起するという結果になります。他方、フランス語のような言語は、音節によるリズムをもった言語であり、音節の持続時間がより均一的に継起するという結果になります。英語とフランス語の音楽のテーマには、作曲された言語環境をあらわす印があることがわかっています。英語のテーマでは、連続する音符の間の持続時間の変動性がより高いのですが、フランス語のテーマでは持続時間がより均一的です。

音楽を聴くときの行為と知覚

人間の動きが音楽とどのように同期するかの研究は、手を叩くことを使用する方法のみならず、モーション・キャプチャー[14]の技術を使った方法でも行われてきました。モーション・キャプチャー

（13） フランス語と英語の音楽のリズムパターンを比較した研究は、A. R. Patel & J. R. Daniele (2003). An empirical comparison of rhythm in language and music. *Cognition*, 87.1: B35-B45.

の技術は、ダンスなどの音楽から引き起こされた動きの複雑なパターンを追跡できます。これらの研究で、拍子の階層における異なるレベルは多くの場合、体の異なる部分の同時的運動パターンに反映されることが明らかになっています。拍の間のより長い時間を含んだ深いレベルを胴体の動きが明瞭に表現し、拍の間のより短い時間を含んだ浅いレベルを手足の動きによって明瞭に表現するといったことです。しかし、これらの拍子のレベルは、均等に目立つものではありません。EEG研究は、音楽に注意を向けていないときでも、リスナーはリズムと拍の基礎的感覚を示すものの、拍子の階層のより深いレベルを評価するには持続的な注意を要することを示唆しています。こうした深いレベルを表現する動きは、その動きの意味を定義する音楽の部分への注意を引きやすくします。事実、私たちの間で最年少の人々を対象にした研究で、運動のパターンは聴覚に影響することが示されています。

J・フィリップス・シルヴァーとL・トレイナーは、二拍子（二拍ごとにアクセントがある）にも三拍子（三拍ごとにアクセントがある）にも聞こえるあいまいなリズムを使って、七か月の幼児と遊びました。[15] 二拍ごとに、あるいは三拍ごとに体を弾ませるリズムが二分間繰り返されました。すべての赤ちゃんが同一の聴覚リズムを聞きましたが、それは音を通してではなく運動を通して、二拍か三拍のどちらかを暗に伝える運動感覚のアクセントを経験するというものでした。その後、赤ちゃんは先に身につけていた動きのパターンに合う聴覚アクセントをもった新しいバージョンのリズムの方を好むことを示したのです。二拍で弾む動きをした赤ちゃんは、二拍ごとに聴覚のアクセントがあるバージョンを好み、三拍で弾む動きをした赤ちゃんは、三拍ごとに聴覚のアクセントがあるバージョンを好んだということです。赤ちゃんたちはやすやすと、運動におけるタイミングのパターンの情報を、音楽でのタイミングのパターンに関する情報に翻訳しました。その後の研究で、あいまいなリズムを聴いている間、膝の屈伸運動をしていた大人は、新しい聴覚アクセントが先に動きによって身につけていたタイミングに合うとき、以前聞いたリズムによく似ている新しいバージョンのリズムを識別することができました。運動と聴覚のシステムの間のつながりは、発達の初期に始まり、生涯にわたって持続するのです。

リズムは、伝統的に運動領野として特徴づけられる多数の脳部位を活性化させます。補足運動野、運動前野、小脳および大脳基底核といった領野です。こうした領野が音楽を聴いている間に、お互いにどのように伝達するかという研究は、拍のある拍子が聴覚と運動領野の連結を高めることを示しています。しかし、単に拍を見る（たとえば、点滅ライトを見る）だけでは、運動システムへのそのような速く正確な対応づけを引き出しません。実際、人は音で提示されたリズムに比べれば、視覚の領域で提示されたリズムを正確に対応づけることは少ないのです。

（14）モーション・キャプチャー：現実の人物や物体の動きをデジタル的に記録する技術のこと。
（15）赤ちゃんが跳ねるパターンを聴覚のパターンに翻訳することができたことを示した研究は、J. Phillips-Silver & L. Trainor (2005). Feeling the beat: Movement influences infant rhythm perception. *Science*, 308: 1430.

世界中の音楽の経験の多くは、活動的で参加型ですが、静かに聴くことを要求する慣習のある西洋のクラシック音楽のような伝統でさえ、音楽を聴くことで想像上の動きの深い経験を引き出すことがあります。この同期的な感覚運動の同行が、音楽の社会的重要性において重大な役割を果たしています。他の人に遅れずに動くことでいくつかの強力な結果を奪い取るのです。たとえば、デート中の人が動きをどの程度相手に同期するかで、のちにその晩を彼らがどれくらいポジティブに評価するかが予測できます。歌ったり、手を叩いたり、歩いたりといった同期した行動をした大人は、行動を同期しなかった場合よりも、のちにお互いに協力し合ったり、仲間を好意的に評価したりします。実験場面では、お互いにずれた動きをした人よりも、歌ったり手を叩いたりを同期できた相手との方が、うまく協力し合えたり、その相手をより好きだと報告したりしました。一四か月のよちよち歩きの子どもは、実験者と同期的に体を弾ませて遊んだ後の方が、そうしない場合に比べ、実験者に愛他的に協力してくれる傾向にあります。

音楽の拍子は、単独のパートナーとだけでなく、大きな集団の人々とも、同時に同じ動きをする指向性の足場を提供します。見知らぬ人との深い同期の感覚を促進する音楽の力が、その喜びの重要な源として役立つことがあるのです。同期による一時的な指向性がもたらす社会的結びつきは、音楽を治療の道具として有益にする要素の一つとしても引用されてきました。また、音楽に対する人間の能力の進化を導いてきた利益の一つとしても引用されてきました。ある宗教は催眠状態の経験を広げ、他の宗教はさまざまに意識を拡張して有力な状態をつくり出すという形で、多くの宗教が音楽の力を利用します。音楽のタイミングは、無数の明白かつ繊細な方法によって、社会的経験から生じ、次には新しい種類の社会的理解をつくり出すのです。

第5章

音楽演奏の心理学

演奏者は、現代の西洋音楽の文化の中で特別な役割を占めています。ポップスのファンは彼らの好きな作詞者ではなく、好きな歌手の名前を叫びます。プロのオーケストラは、毎年同じ中心的なレパートリーをプログラムにする傾向にありますが、スターのゲスト出演者に光を当てて公演を売り込みます。ギタリストが、聴衆を退屈させた別のギタリストが弾いたのと同じ楽譜を演奏して、代わりに聴衆を立ち上がらせることもできます。音楽演奏の心理学は、この表現力を理解しようとします。二人の個人が同じ楽譜を演奏して著しく異なった反応を引き出すことができることから、記譜法が音楽の伝達の最も重要な次元のいくつかをとらえそこなっているのは明らかです。これらの次元は何なのでしょうか。一流の演奏者がもっている、そうした次元を操作するためのある種の専門的技術を獲得するのに何が必要なのでしょうか。リスナーは、どのようにそれらを感知して反応するのでしょうか。

演奏における表現力

演奏者が操作するのに利用できる次元には、次のようなものがあります。まず、①タイミング（時間的調節）があります。記譜法によって暗に指示された持続時間の正確な整数比率に抵抗し、ある音符を伸ばし、他の音符を短くすることです。次に、②強弱法があり、ある音符は強くし、他の音符はソフトにするといったことを「フォルテ（強く）」や「ピアノ（静かに）」を意味する強弱記号よりも微妙に連続的に増やすことです。③アーティキュレーションは、個々の音符の出だしと減衰を変化させることで、一斉に始まる場合もあればゆっくりと入ることもあり、突然終結する場合もあれば次第に消えていくままにすることもあります。④テンポは、ある曲や楽節を速く演奏するかゆっくり演奏するかということで、⑤イントネーションとは、楽譜に記された一般的なカテゴリーの範囲内で、ピッチをわずかに上げたり下げたりする（たとえば、ドの音を少しシャープ気味にしたりフラット気味にしたりして演奏する）ことや、ある音符からスムーズに滑らせて別の音に移ることです。そして、⑥音色は、より明るくまたは暗く演奏して、音符やパッセージの音の質を変化させることです。

こうした変化音のいくつかは、音楽構造の中のある特定の瞬間に、ほとんど規則に基づいて体系的に生じるようです。たとえば、世界中の演奏者にとって、境界の階層的な重要性に応じて（楽節の終わりなら少し、完全な小曲の終わりなら大きく）、フレーズの境界でテンポを落として演奏するのはよくあることです。この実践は、会話のときとよく似た傾向を反映しています。人は、境界の階層的な重要性に応じて（個人の考えの終わりなら少し、一定の話題の長く続いたやり取りの終わりなら大きく）、発言の終わりでテンポを落として話す傾向にあります。これらを実行する傾向には、知覚的にさまざまな効果があります。同じような減速が音楽の楽節の中のさまざまな瞬間に挿入された場合、ほとんどの場所ではきわめて目立つかもしれませんが、楽節の境界では感知されないでしょう。演奏者が規則正しくそこでテンポを落とすという事実は、そのパターンをほとんど感知できなくするのです。

規則に基づいた類似した変化が、拍節構造に対応して生じます。演奏者は強いビート（拍）に向かっていくとき、音符を少し強く、少し長めに持続させて演奏する傾向にあります。規則に基づいた変化は、音楽の調性構造にも対応して生じます。調性構造とは、支配している中心のピッチあるいは主音に対応して、個々のピッチが体系化されるやり方です。演奏者はより高いピッチで不安定な音符が不協和音を解決する機能を担うとき、少しピッチを上げる（わずかにシャープ気味に演奏する）傾向にあります。しかし、低いピッチで不安定な音符が不協和音を解決する機能を担うときには、少しピッチを下げる（わずかにフラット気味に演奏する）傾向にあります。その他の表現豊かな音調の変化は、境界をグループ化する印になります。演奏者は多くの場合、新しい楽節の始まりで音量や音色を変え、さらに境界線を引きます。前のグループの終わりと新しいグループの始まりとの間のギャップを長くする効果として、新しい音節の最初の音符の始まりを遅らせる傾向にもあります。

これらの規則は、音楽の機械的演奏を不愉快で非人間的なものに聞こえないよう助けるコンピュータ・システムで実施されることがあります。しかし、機械はチェスの世界最高のプレイヤーを送り出すことができましたが、たとえば、チェロの人間的表現を習得することは、もっととらえどころなく難しいことが証明されました[1]。コンピュータの技術における二〇世紀半ばの投資にもかかわらず、ヨーヨー・マに相当するディープ・ブルー[2]はまだ存在しないのです。

このことはいろいろな意味で、楽曲構造に対する規則に基づいた反応には直接起因しない表現豊かなバリエーションが多数あることを反映しています。結局、楽曲構造を与えることで理想的な演奏を大量生産できるなら、世界中にあるプロのチェロ奏者の活発で多様なコミュニティは必要がなくなるでしょう。私たちは、ヨーヨー・マとコンピュータの代役に小曲を演奏させ、それを録音することはできるでしょう。しかし、人々は同じレパートリーの異なった演奏を熱望します。ある日は、マの演奏によるバッハのチェロ組曲を楽しみますが、別の日には、アリサ・ワイラースタイン(3)やパブロ・カザルス(4)の演奏を楽しむといったようにです。

心理学者のB・レップは、さまざまな演奏者によってなされた表現豊かな音調の変化を測定しようとしました(5)。国際的な評判をもつ二四人のプロのピアニストと、国際的な演奏の興行にまだ割り

(1) ヨーヨー・マ（馬友友、Yo-Yo Ma, 1955- ）：世界的に有名なチェリストの一人。中国系アメリカ人。
(2) ディープ・ブルー：IBMが開発したチェス専用のスーパー・コンピュータ。
(3) アリサ・ワイラースタイン（Alisa Weilerstein, 1982- ）：アメリカの女性チェロ奏者。
(4) パブロ・カザルス（Pablo Casals, 1876-1973）：スペインのカタルーニャ地方生まれのチェロ奏者。
(5) 異なるピアニストのタイミングのプロフィールの比較は、次の二つの報告で見られる。B. H. Repp (1992). Diversity and commonality in music performance: An analysis of timing microstructure in Schumann's Träumerei. *Haskins Laboratories Status Report on Speech Research*, SR-111: 227-260. B. H. Repp (1994). Expressive timing in Schumann's Träumerei: An analysis of performances by graduate student pianists. *Haskins Laboratories Status Report on Speech Research*, SR-117/118: 141-160.

込めていない一〇人の学生ピアニストの演奏する同じピアノ小曲を彼は比較しました。学生たちが行ったタイミングと強弱での変化音は、プロによってなされた変化音よりもお互いに類似していました。すべての演奏者の間でなされたタイミングと強弱でのバリエーションを平均値にして、仮説的な典型的演奏を発生させたとき、最も絶賛される大スター・ピアニストによる表現豊かな調節は、事実、この平均値から最もはっきり異なっていました。学生の演奏を同調へ、プロの演奏をばらつきへと動かす一つの可能なエンジンは、経済性です。学生たちはプロとして認められるに十分な伝統的解釈をうまく実行できることを証明しようとし、プロは同じレパートリーを演奏する他のプロ集団から自分自身を差異化しようとします。より皮肉ではない説明をすれば、有名な芸術家が有名になっているのは、正確には、楽曲構造の自明ではないレベルと音楽のコミュニケーションの自明ではないチャンネルを利用するからなのです。

演奏に対するリスナーの好みを検討したフォローアップ研究は、こうした好みのほんの数か所(せいぜい一〇%)の変動だけが、表現豊かなタイミングと強弱の差異に起因することを示しました。(6)これは重大な洞察です。なぜなら、音楽演奏の心理学の研究で測定された次元は、正しいものではないかもしれないことを示唆するからです。単純な思考実験が、(7)この仮定を補強します。(8)絶賛されるメゾソプラノ歌手が歌う一つの音と、著名なバイオリン奏者がストラディヴァリウスで演奏する一つの音を想像してみましょう。この一つの音は、美的な反応の基礎をなすと通常考えられるタイミングと強弱のパターンを引き起こすには不十分ですが、心を強くつかむほど表現豊かではあるように思えます。

音色のような音響的な信号のさらに測定困難な他の側面、つまり個々の演奏者が楽器から引き出す明確に異なる音質は、現今の研究で示唆されるよりも大きな役割を果たしています。「音色」という用語が音のどんな面を指すかをより理解するために、トム・ウェイツ(9)とブライアン・ウィルソン(10)が同じピッチの歌を歌う場合、それがどれほど違うか考えてみましょう。ウェイツの声はガラガラ声やしわがれ声に聞こえ、ウィルソンの声は丸みがありきれいに聞こえます。演奏者は、よりウェイツらしい音色や、よりウィルソンらしい音色を楽器から引き出すために異なるさまざまな技術を使うことができます。音色の操作の強力な効果は、科学がいまだかつて取り組むことができていない人間のコミュニケーションについての疑問を実際の音楽的実践が提起するという、その多く

（6）演奏に対するリスナーの好みへの表現的なタイミングと強弱の相対的な貢献についての情報は、次の論文による。B. H. Repp (1999). A microcosm of musical expression: III. Contributions of timing and dynamics to the aesthetic impressions of pianists' performances of the initial measures of Chopin's Etude in E Major. *Journal of the Acoustical Society of America*, 106.1: 469-479.

（7）思考実験：頭の中で想像するだけの実験。科学の基礎原理に反しない限りで、極度に単純・理想化された前提により遂行されるもの。

（8）ストラディヴァリウス：イタリアのストラディヴァリ父子三人が製作した弦楽器のこと。特にアントニオ・ストラディヴァリが一七～一八世紀にかけて製作した弦楽器が有名である。

（9）トム・ウェイツ（Tom Waits, 1949-）：アメリカのロックシンガー・ソングライター。

（10）ブライアン・ウィルソン（Brian Wilson, 1942-）：アメリカのミュージシャン。ザ・ビーチ・ボーイズのリーダー、ボーカル。

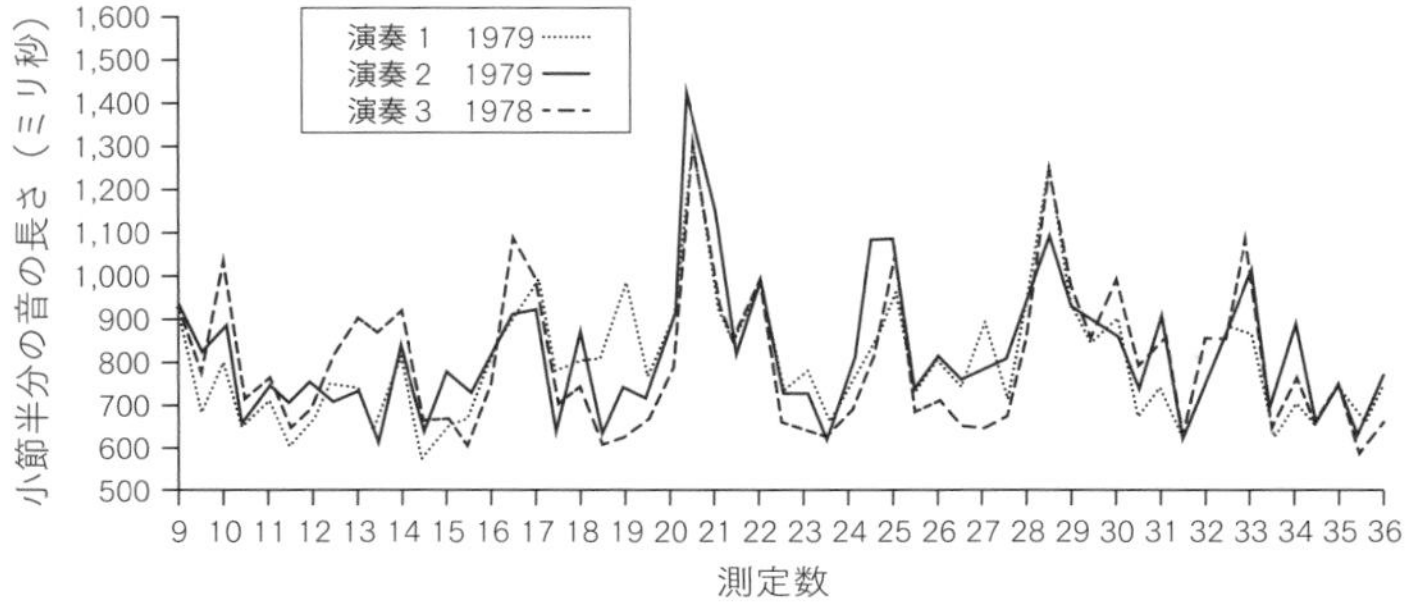

図 6　ショパンのエチュードの演奏におけるテンポの変動（ゆらぎ）
これらの線は、同じピアニストによるショパンのエチュードからの抜粋の 3 つの異なる演奏でのテンポの変動（ゆらぎ）を示しています。3 つの線がお互いに密接した跡をつけているという事実は、マイクロタイミングにおける表現豊かな変化（ゆらぎ）は意図的であることを示唆します。
［L. H. Shaffer (1984). Timing in solo and duet piano performances. *Quarterly Journal of Experimental Psychology, Section A: Human Experimental Psychology*, 36. からの引用。］

の方法の一つをあらわしています。

演奏者が多くの場合に使用する表現豊かな道具は、前または後に始まりを何十ミリ秒速めたり遅らせたりするか、一つの音を他よりもわずかに強く演奏するなどの、音のとても小さく微妙な側面の専門的な操作に依存しています。この精度で音をコントロールする能力は、信用性が低いものです。しかし多くの研究は、こうした音声の調節が意図的であることを示してきました。同じ器楽奏者による同じ曲の演奏には、演奏時期が数か月あるいは数年異なるものであっても、表現豊かなバリエーションに著しく一貫したパターンが示されるのです。

作曲家が期待を演出すること（リスナーに具体的な継続を期待することを導き、やや違った表現豊かな何かへと逸脱するといったこと）を求めるのと同じように、演奏者もこの期待の操作を高めるために力を結集するよう試みます。たとえば、演奏者は予想外の音が始まるのを遅らせ、その音色をわずかに変化させるかもしれません。そのような表現上の変化を説得的に実行できるかどうかは、演奏者の楽曲構造についての直観力に依存し、関連する音楽スタイルでの彼あるいは彼女の経験に依存します。音楽のある特定の本質に熱中して何年も過ごしている人は、そのスタイルに新しく接する人とは異なる期待を抱きます。したがって、もう一つ上の種類の期待を表現豊かに強調する演奏者は、より説得力をもってある種のリスナーのこころをつかむかもしれません。このように、表現豊かな演奏を理解することは、演奏者がどのように総譜（ある曲の記譜版）にかかわっているかを理解することよりも、リスナーの経験と演奏者の決定の間に起こる力動的な相互作用を理解することなのです。

多くの研究が心理学の観点から表現豊かな演奏を検討してきましたが、その大部分は西洋のクラシック音楽に関連するものです。これらのコミュニケーションの方策が異なる文化間でどの程度共有されるかは、ほとんど知られていません。音楽の伝統が記譜法よりも口頭で伝えられる場合、演奏者のニュアンスを概念化し検討することはより難しくなります。なぜなら、音調の変化がされない総譜を比較する便利なケースが存在しないからです。時にはあるスタイル（たとえば、C〔ドの音〕をわずかにシャープかフラット気味に演奏してイントネーションを変化させる）で表現豊かな音調の変化とされる演奏の選択が、別のスタイル（たとえばインドの古典音楽では、西洋でCとされるピッチの範囲が、いくつかの異なる個々のカテゴリーに分けられる）では、完全に異なるカテゴリーとして機能することがあります。同じように、タイミングのカテゴリーも、文化によって変化することがあります。伝統的な西洋音楽の楽譜通りの均一な拍に慣れたリスナーにとって、わずかに長い音符にわずかに短い音符が続くような構成で演奏された音の長さの比率は、初めの音が表現豊かに伸ばされた二つの二拍の音として理解されるかもしれません。しかし、伝統的なバルカン音楽の不均一な拍に慣れたリスナーにとっては、三拍の音に二拍の音が続くと理解されるかもしれません。(11)

演奏を経験すること

演奏者の音調変化に対するリスナーの反応を研究するための一つのモデルでは、演奏者が毎回異なる感情を伝えることを目的に、複数回メロディを演奏するよう求められます。その後、実験協力者はこれらの録音を聴き、演奏と意図された感情を結びつける試みをします。このような実験は一般的に、演奏者によるタイミング、強弱、アーティキュレーションのような次元の操作が、喜び、悲しみ、怒りといった基礎的な感情を確実に伝えることができることを示します。音楽で感情を伝えるのに用いられる表現豊かな道具は、感情的なスピーチの習性に類似しています。怒ってなされた発言と同じように、怒って奏された一節は、早口で大声になり、鋭く、ぶっきらぼうな出だしになりがちです。しかし、この種の研究は、基本的な感情カテゴリーに依存することにより制限されています。人は多くの場合、音楽を複雑で、微妙な、明瞭にしにくい表現の状態を伝える能力をもつものとして価値づけをしているのです。

研究者はまた、電気生理学的測定を用いて表現豊かな演奏に対するリスナーの反応を査定し、心拍数や皮膚伝導反応（興奮の兆候）のような現象に及ぼす演奏者の音調変化の効果を検討しています。しかしながら、最も多く行われる研究は、研究者が演奏の経験について直接リスナーに問いかけるものです。たとえば、タイミングや強弱の観点で表現豊かな演奏について平均から遠いものと近いものを提示したとき、リスナーは平均に近い演奏を高品質と評価しますが、あまり平均的でない演奏をより個性的だと評価しました。別の研究では、リスナーが楽しいと感じる演奏の種類と興味深いと感じる演奏の種類に、類似した乖離があることが明らかになりました。演奏の平均値とその知覚された質との関連は、他の領域の美的好みについての研究と一致しています。たとえば、複数の顔を合成して平均化した場合、より多くの顔を平均化したとき（その顔が大多数の人の真の平均に近いとき）の方が、人は結果として生じる顔をより美しいと評価しました。演奏者の音調変化もまた、異なる拍子、フレーズの境目、クライマックスを聴くよう促すという、リスナーの楽曲構造の理解に影響することが示されてきました。

しかし、聴覚信号の操作は、演奏者がリスナーにコミュニケーションする唯一の方法ではありま

（11）　バルカン音楽：バルカン半島の音楽は、他のヨーロッパ地域にはない共通した特徴を持つ。この地域に存在した多くの民族の伝統音楽から始まり、オスマン帝国の支配の下でそれらが相互に影響し合って誕生したためである。

せん。数多くの研究は、視覚のモダリティの情報（とりわけ演奏しているときの演奏者の動き）が、演奏の全体的な評価のみならずリスナーが実際に何を聴いているかにも強力な効果を与えていることを示しています。この聴覚と視覚の領域間の強い連結は、発話も特徴づけます。マガーク効果とは、「バ・バ・バ」と言っている人の聴覚録音に「ガ・ガ・ガ」と発する唇の動きの録画を重ね合わせた際の知覚的錯覚を指します。画面を見ている人には、その中間の「ダ・ダ・ダ」という音節が聞こえる傾向にあります。目を閉じると、その声はすぐに「バ・バ・バ」に修正されます。それが錯覚だと知っている人にさえ、「ダ・ダ・ダ」というように聞こえ、視覚と聴覚の情報は自動的に統合され、意識の統制下にはないことが示されています。人が見るものは、その人が聞くものを基本的に形づくることができるのです。

多くの例は、音楽の経験における視覚様式の重要性を示しています。人々は音楽コンクールの勝者を、音声録音を聞かなくても、演奏の無音動画を見ることによって正確に予測できることを、ある研究が示しました。同じ曲の演奏でも、弦をつま弾く動画（通常は突然の始まりを引き起こすジェスチャー）か弓を弾く動画（通常はより緩やかな始まりを引き起こすジェスチャー）のどちらを伴うかによって、より突然始まって聞こえたりそうでなかったりします。同じ音程（二つのピッチ〔音高〕の間の距離）でも、小さい音程で歌う人の動画か大きい音程で歌う人の動画かのどちらを伴うかによって、小さい音程に聞こえたり大きい音程に聞こえたりします。事実、音声が無音（ミュート）にされ、全く何も聞こえないときでさえ、人は歌っている人々の動画から音程の大きさをかなり上手に判断することができるのです。

MTVのミュージック・ビデオを見たか、あるいはすぐ近くで力強いライブ演奏を目撃したことがある人は、これらのクロスモーダル効果が、始まりのタイミングや音程の大きさの判断を超えて、音楽の表現豊かな特徴へと広がっていくことを知っています。心理学者のW・トンプソンとF・ラッソは、B・B・キング[14]によるブルースの演奏において、人が（音がジャンジャンと鳴り、お互いに調和しそこなっていると思われる）不協和の瞬間を聴いた場合、無表情で演奏している動画を伴ったときよりも、葛藤を視覚的に（たとえば、目を細め、胴を揺らすことによって）強調している動画を伴っているときの方が、より不協和だと評定することを示しました。不協和の知覚は、音楽の感情的反応に本質的に寄与するのです。学者たちはこの知覚を、人間の耳の構造と基礎的な音響心理学の原理の観点から説明しようとしましたが、研究では、まゆの上げ下げのようなものでさえその役割を果たすことができることが示されました。

(12) MTV：ミュージック・テレビジョン。ニューヨークとロンドンに本部を置くアメリカの若者向けのケーブルテレビ・チャンネル。

(13) 知覚された不協和に及ぼす顔の表情のインパクトについての研究は、次の論文で報告されている。W. F. Thompson, P. Graham, & F. A. Russo (2005). Seeing music performance: Visual influences on perception and experience. *Semiotica*, 156.1-4: 203-227.

(14) B・B・キング（本名 Riley B. King, 1925-2015）：アメリカのブルース・ギタリスト、歌手、作曲家、ブルース界の巨人。

音楽の音程の表現上の特徴を評定するよう求められた場合、半音しか違っていないのに、人は長三度(「クンバヤ」[15]という歌が始まる音程)を最上の幸福の一つとしばしば評定し、短三度(「グリーンスリーヴス」[16]の最初の音程)を最高の悲しみの一つであると評定します。しかし、これらの音程を歌っている音声と動画が入れ替えられると、人は異なる感情の程度を伝えるサウンドを経験します。歌手は長三度を歌うとき、まゆをつり上げ、目を広げ、かすかな笑顔になるよう口を広げる傾向にあります。短三度を歌っている音声信号を聞きながら、長三度を歌っている人の視覚的映像を見るとき、人は音それ自体をより幸福であると評定するのです。

音楽学者のJ・ダヴィドソンは、動作追跡を用いて、できるだけ表情を伝えないように試みる無表情な方法と、表情豊かに演奏する方法で、バイオリン奏者の動きをとらえました。[17]演奏者に表情の意図があるか(演奏時に表情のあるなしを意図しているかどうか)のリスナーの判断は、実際に音を聴いているときより、動きの光点表示を見ているときの方が、時により正確だったのです。このことは、音楽の表現性は、時には聴覚領域よりも視覚領域から容易に解読されうることを示しています。クラリネット奏者が参加した別の研究では、無表情な演出をした演奏の録音に高度に表情豊かな演奏の映像を重ね合わせた動画によって、その音自体が感情を十分豊かに伝えるものだとリスナーを納得させることができたと示されました。生のコンサートの豊富で多次元の文脈はリスナーに、iPod[18]を通して聴くことに比較して、経験により付加的に関与する道筋を提供しているのです。

視覚的情報は、演奏の評価に影響する経験の唯一の非聴覚的側面ではありません。前もって音楽の抜粋曲に関する記述を読んでいるかどうかが、その人がどれほど音楽を楽しむかに影響します。さらに、人は同じ曲の演奏を二つ提示されると、二番目を好む傾向にあります。以前にその曲を聴いたことがあると、人々はより効率よくそれを処理することができるのです。この増加する認知的流暢さを誤って音楽自体のポジティブな特徴に帰属させる傾向もあります。二番目にくる演奏をより高く評定することになるのです。一対の二つの演奏が音響的に同一のときでさえ、異なる演奏者によって演奏されたと告げられれば、人々は多くの場合、それらが著しく異なる音に聞こえると主張し、二番目の卓越さに賛成すると主張します。

人はまた、音楽学校の学生の演奏よりも世界的に有名なプロのピアニストの演奏であると告げられたときの方が、その独特の演奏を楽しむ傾向にあります。リスナーにプロの演奏を聴きに行くという情報を与えると、その抜粋曲が流れている時間を通して持続できる報酬回路が作動しま

(15)「クンバヤ」(*Kumbaya*):黒人霊歌の一つ。一九五〇～六〇年代のアメリカでフォーク・リバイバルにより盛んに歌われるようになった。
(16)「グリーンスリーヴス」(*Greensleeves*):一六世紀末のイギリスの流行歌謡。
(17) バイオリン演奏で知覚された表情の豊かさに関するモーション・キャプチャーの研究は、次の論文で詳しく述べられている。J. W. Davidson (1991). The perception of expressive movement in music performance. (PhD diss., City University of London).
(18) iPod:米国アップル・コンピュータ社(現アップル社)が開発したデジタルオーディオプレーヤー。

す[19]。たとえば、学生による演奏というラベルの貼られた演奏の方を好むようにするというように、記述によって生じたバイアスに打ち勝つには、実行統制に専念する脳領域に補充が必要です。他の領域における品質についての情報のインパクトに関する類似の研究の知見では、より高価な値札のついたワインを人々はより楽しむということを示す実験があります。音楽の演奏は、複雑な多次元の社会文化的文脈の中に存在しますが、音楽の心理学的研究は、次のことを繰り返し示してきました。つまり、聴くということは、個々の音響的出来事に対する予測可能な反応を大量生産することではなく、むしろ豊かな意味のある経験を引き出すために無数の人間の力を利用することなのです。演奏者はこのネットワークにとって、音を伸縮させる方法だけでなく、空間を移動してリスナーにかかわる方法においても重要なのです。

音楽演奏の力学

幾千もの音符からなる一つのピアノ小曲の演奏は、音の大きさや両手間の同期を注意深く統制しながら、時には一秒に一〇以上の音符を弾く速さで、記憶をもとに三%未満の確率の弾き間違いだけで、正確なリズムの連続の中で実行されます。このことは驚異的なことに思われます。別の観点からいえば、音楽の正式なトレーニングを受けなかった子どもたちが、音符を正しい順序と正しいピッチで数分間連ねて、記憶をもとに馴染みの歌を歌うことができるのも、同じように驚異的です。

これら両方の芸当には、正確な記憶表象と細心の運動コントロールを必要とします。

音楽の反復進行に特徴的な、厳密に時間制限のある一連の事象が産出される背後にある回路は、指の動きを追うモーション・キャプチャーを用いて研究できます。また、鍵盤を押すなどの他の演奏行動の一瞬一瞬の情報をとらえるために、デジタル増幅された楽器の演奏を記録することによっても研究できます。一つの共通する方法論は、演奏の間違いを研究することにかかわっています。間違いがいつどこで起こるかが、運動の計画過程についての情報を明らかにしてくれるのです。

たとえば、私の仕事がＡＢＣＤＥの音符を演奏することであり、そこで私がＡＢＥＣＤと演奏したなら、Ｂの音符を終えるまでにはＥの音符までもすでに計画していたことを示しているでしょう。こうした予期的間違いの類は、「私は私の赤ちゃんにミルクを与えた」と言うところで「私は私のミルクに赤ちゃんを与えた」とうっかり言う、といった発話でも一般的です。このことは、類似の計画過程を指し示しています。多くの研究は、演奏者が演奏しているときには先々の三つから四つの音符を計画していることを示唆しています。この時間的な長さ（スパン）は、人々が経験を積む

（19）　演奏の評価に及ぼす、演奏者の専門家としてのレベルについての情報の効果に関する研究は、次の二つの論文から来ている。C. A. Kroger & E. H. Margulis (2017). But they told me it was professional: Extrinsic factors in the evaluation of musical performance. *Psychology of Music*, 45.1: 49-64. G. Aydogan, N. Flaig, S. N. Ravi, E. W. Large, S. M. McClure, & E. H. Margulis (2018). Overcoming bias: Cognitive control reduces susceptibility to framing effects in evaluating musical performance. *Scientific Reports*, 8: 6229.

ほど長くなります。より長く楽器を学んだ人ほど、より多くの予期的間違いをするということです。おそらく、その間違いをするには入念なトレーニングが必要だったのだということが、失敗した演奏の後にいくらかの慰めにでもなるでしょうか。演奏者は、音楽のテクスチュアの内声で、組織的により多くの間違いをします。その声は多くの場合、メロディを含む目立つ高音のものよりはむしろ、ハーモニーの基礎を提供することの多い低音の方で起こります。都合の良いことに、こうした内声の間違いは、リスナーが見つけるには最も難しいものです。[20]

演奏者は、前に見たことがない総譜で演奏をする、初見演奏と呼ばれるスキルが要求されることもよくあります。このスキルは、視線の動きを追跡する技法を用いて研究されていますが、それは人々が活動を行う際の凝視点の変化を力動的に測定するものです。視線の動きを追跡する研究では、上手な初見演奏者はより短い時間、視線を固定することが示されています。つまりちらりと見るだけで、どんな特定の瞬間でも十分に情報を見てとれるということを示しています。このスピードは、経験のある初見者がもつ、和音や型にはまったメロディの形のような馴染みのパターンに、個々の音符をいくつかのかたまりに切り分けて見る能力から来ています。上手な初見演奏者は、部分的な情報に基づいて動きを実行するという期待に依存しているために、音楽が予想通りに基本となるキーにとどまっていて小さなステップで動き、伝統的なパターンを使う場合に、よりうまく演奏します。良い初見演奏者をつくるのは何かについて、人々は幅広く推測しますが、初見演奏のスキルを唯一、最良に予測するものは、過去にその人が初見で演奏した曲の数です。次に何が来そうかという予想に依存する課題に対しては、演奏しているうちに次に続きそうな所へ手が飛び移るようになるくらい十分な数の初見演奏をこなすことしか、代わりになるものはないのです。

練習が差異を生む

初見演奏における流暢さの役割に関する研究では、ハードな練習のメリットを支持する説得力のある主張がなされます。[21] また、演奏における練習の役割についての研究は、さらに強くそのことを主張します。西ベルリンの音楽アカデミーの教授は、その学院の最優秀の演奏者を代表するバイオリン奏者の学生の一群と、単に良好な成績だったバイオリン奏者の学生の一群を識別しました。これら二群のバイオリン奏者の徹底的な調査で、彼らが異なる生活経験によって特徴づけられることがわかりました。最優秀のバイオリン奏者の群は、一八歳までに七〇〇〇時間以上の練習を重ねていましたが、良好なバイオリン奏者の群は、同じ年齢までに五〇〇〇時間の練習を重ねただけだったのです。楽器の演奏を始めた小学生の子どもについての他の研究は、音楽演奏の課題の成功は、

(20) テクスチュア：楽曲における音の基本的な組み合わせ方。
(21) 最も評価の高かったバイオリン奏者は、その他のバイオリン奏者よりも計画的な実践に従事していたことを示す研究は、次の論文である。K. A. Ericsson, R. Th. Krampe, & C. Tesch-Romer (1993). The role of deliberate practice in the acquisition of expert performance. *Psychological Review*, 100.3: 363-406.

生徒の動機づけの量（実験室の課題で、失敗があっても粘り強く演奏したかによって測定された）と楽器を練習した時間の量によって説明されうることを示しました。知能や一般的な音楽適性テストなどの他のいかなる測度でも、彼らの成功を予測することはできませんでした。ピアニストにおいては多く練習するほど鍵から鍵への移行が速くなり、表現豊かな演奏における一貫性が導かれることが示されてきたのです。

研究は、単に楽器練習に費やした時間数を超えて練習の質の重要性も論じています。一曲を繰り返し演奏することは、練習時間として親にタイマーを設定されている子どもにとっては時間稼ぎになるという魅力的な方策ではありますが、効果的な練習としての質はないのです。そうではなく、質のある練習には、計画的で注意深い自己管理と注意、目標設定、目的意識が含まれることを研究は示唆しています。一万組以上の双子を対象にした研究は、遺伝子が音楽の能力に直接的だけではなく間接的にも影響し、練習への性向にも影響すると論じました[22]。このように、現在は練習のたまものだと主張する知見の多くは、究極的には生物学にそのルーツがあることが証明されるかもしれません。

人が練習を始めるとき、脳の感覚運動領野における神経回路の広い範囲が非効率的に活性化します。曲の演奏を学ぶにつれ、聴覚、視覚や他の中枢からの情報が、自動的に実行できる動きのパターンに統合されます。この学習過程の経路を通して、皮質の活動（より高次の認知の座）は減少し、大脳基底核や小脳のような運動統制の皮質下領野の活動が増加します。自分の楽器をいつでも利用することができない人々にとって、良い知らせの一つは、メンタルな練習が、実際の楽器練習によって活性化されるものとかなり類似した脳部位を活性化させることです。複数の研究で、それが楽器の練習と組み合わせて行われたときにきわめて効率の良いツールになりうることが示されています。音楽演奏の基礎をなす重要な聴覚–運動のリンクは、音楽のトレーニングにも影響します。世界中の多くの音楽指導には、演奏についての講義だけでなく、教師がパッセージを演奏し、生徒がそれを反復するよう試みるといった、やや単純な模倣も含まれています。

しかし、演奏者がいかに多くの時間を練習室で過ごそうとも、期待している聴衆を前にしたステージ（舞台）へと歩いて出ていくプレッシャーへの準備ができるわけではありません。とりわけ西洋のクラシックの伝統では、音楽演奏は不安が生じやすいのです。その不安には、身体的なもの（緊張してそわそわする、のどが渇く、浅い呼吸）と認知的なもの（演奏前のネガティブな考え、過度の心配）があります。ベータ遮断薬が身体的不安のある側面を軽減することが示されていますが、音楽の演奏不安を処置するのは難しいことが総じて知れわたっています。それを防ぐ試みの最も良い方略は、低リスクでプレッシャーの低い場面での公開演奏を、早くから音楽学生の生活の中に導入することであると研究は示唆しています。

（22） 音楽能力における遺伝子の役割を支持する研究は、次の論文である。M. A. Mosing, G. Madison, N. L. Pedersen, R. Kuja-Halkola, & F. Ullén (2014). Practice does not make perfect: No causal effect of music practice on music ability. *Psychological Science*, 25: 1795-1803.

創造性と即興演奏

演奏、作曲、即興演奏は、さまざまな程度で創造的です。心理学における活発な一連の研究は、創造性は安定した個人特性であると見なしています。たとえば、ある人は他の人より総合的に見て創造的かもしれないということです。創造性を測定するために、この研究では遠隔連想テスト（RAT）[23]のような課題が用いられています。そのテストでは、三つの関連しそうにないことば（パイ、幸運、おなか〔pie, luck, belly〕のような三つ）に対し、そのすべてに関連する四番目のことば（この場合では、ポット〔pot〕）[24]を識別しなくてはなりません。また流動性の査定も用いられます。それは、一般的な生活雑貨について考えられる限りの使い方を列挙するというものです。研究者は、この種の創造的な問題解決の基礎をなす脳活動を検討するために、神経画像を使用しています。

もう一つの視点では、創造性を個人から生じる資産というより、社会システムからもたらされる資産と見ます。心理学者のM・チクセントミハイが発表したこの見解では、創造性には、有識者のコミュニティが革新と認めることができる範囲での個別的な規則と、制約によって特徴づけられた領域が必要です。音楽と創造性についての研究は、この領域として多くの場合ジャズの即興を用います。人がジャズの即興を生み出すときと、小説やこれまでに言われなかった文章を産出するときには、類似の脳領野が活性化されるということを神経画像が示しているため、音楽の創造性についての研究は、より広く解釈された創造過程の代表として受け取られるのです。

ある研究では、キーボードで即興演奏する際の熟練のジャズ奏者を調べるために神経画像を用いました（ｆＭＲＩのスキャナー内で演奏することを可能にしたすぐれた装置のおかげです）[25]。得られた結果の中で最も興味深いことは、うまくいった即興の間に脳部位がどれだけ活性化されたかではなく、どこの部位がスイッチを消されたかでした。即興演奏の間に、自己モニタリングに対して責任のある脳部位（背外側前頭前皮質）の活動が一時休止していたのです。このことは、演奏者が新奇な連想を出現させるスペースをつくり出すために、実行機能のいくつかの構成要素を抑制することが必要となることを意味しています。

哲学的な問題と科学的な問題は多くの場合、音楽の心理学で交じり合います。創造性の研究も例外ではありません。音楽的創造性とは何でしょうか。音楽的に創造的な人は、他の領域でも必然的に同じように創造的なのでしょうか。こうした問いは、注意深い哲学的思考と厳しい実験的な探究の両方を必要としています。音楽的創造性の心理学的研究は、理論的な定義の説明とその話題に対する実証的なアプローチの間の緊密な関係から利益を得るでしょう。人間の創造性という文化的に

(23) ＲＡＴ（Remote Associates Test）：Mednick, S. A. (1968) によって創造性を測るために開発されたテスト。
(24) pot の後に pie, luck, belly のそれぞれのことばをつなげると、各々が成句になる。
(25) 本章で論じたジャズ奏者の神経画像処理研究は、次の論文である。C. J. Limb & A. R. Braun (2008). Neural substrates of spontaneous musical performance: An fMRI study of jazz improvisation. *PLoS ONE*, 3.2: e1679.

埋め込まれた複雑な領域は、それを前進させるために、多重な学問分野の持続的な取り組みを必要とするのです。

どの表現豊かな特徴が良い演奏をつくり出すかと問うことは、演奏と即興演奏に関する心理学的研究の見果てぬ夢のように思われますが、この問いがすべて心理学の領域にあるわけではありません。多数の社会文化的要因が、ビヨンセ[26]のパフォーマンスを感動的で変革的だと人々に感じさせますし、そう感じない人にはチャンネルを変えるよう導くでしょう。良い歌のための構成要素を科学が発見したという大衆紙の見出しには、疑いが生じるはずです。私の良い歌はあなたにとってひどい歌かもしれないということには、もっともな理由があります。音楽の心理学において責任ある研究は、この問いの境界線を明確に引き、その知見がどのくらいの多くの人々に一般化できるのかを明確に述べることです。音楽演奏のモデルは、音響の信号からリスナーの経験まで直行するものではありません。むしろ、社会的文脈の影響が、その演奏がどんなものであるのかから、それがどこで生じているかや、リスナーの以前の経験とどのように関連するかまでのすべての側面に及んでいるのです。このダイナミックな相互作用こそまさに、音楽をこれほどまでに人間の努力を惹きつけ、そのような持続的な研究に値するものにしているのです。

（26）ビヨンセ（Beyoncé Knowles-Carter, 1981- ）：アメリカ・ヒューストン出身のシンガー・ソングライター、ダンサー、音楽プロデューサー、女優。

第 6 章

人間の音楽性

音楽的であるとは、何を意味するのでしょうか。自由な時間にはいつも演奏会に出かけたり、凝ったプレイリスト（再生リスト）を念入りに作ったりして過ごす人もいます。おしゃべりを中心とするラジオ番組を好む人もいます。楽器の習得という計画に熱心に取り組み、教則本を通して努力し、まじめに記譜法を勉強する人たちもいます。一つの曲を取り上げ、好みの楽曲を音に出し、いかに演奏するかを独学で耳から学ぶ人もいます。ある人たちは、音楽に敏感に反応します。自分たちが聴いた音楽に体を揺らし、夢中になっている自分にふと気づくのです。その一方で、スピーカーから何が流れてきているのか気にもかけない人がいます。音楽を演奏し鑑賞する能力は、人によって実質的に異なるという事実は、音楽の能力の性質といかにそれが獲得されるのかという疑問を提起します。どんな音楽性をもって人は生まれ、それがどのようにこれほど多様な方向に発達するのでしょうか。

ピッチ知覚

音楽性の中心的側面は、ピッチ（音高）の知覚です。高い周波数（一秒につきより多くのサイクルを特徴とする）の音波は、「低い」よりは「高い」音に聞こえます。それはインドネシアのある地域では、「大きい」対「小さい」、中央アフリカのバシ族の人では、「強い」対「弱い」と呼ぶように、文化に付随した比喩で経験されるものです。しかし、ピッチ知覚は、演奏された正確な周波数に対する感受性（それがB〔シ♭〕の音か、C〔ド〕の音か）や、周囲の調性の文脈内でのこの音符の位置に対する感受性も含んでいます。

調性とは、ピッチがその曲を支配する中心的な主音と関連して聞こえる感覚を指します。私がC（ド）のキー（調）である曲を歌った（この中心的な主音としてCが機能する）なら、ピッチのBは不安定で、Cの音に（不協和音は協和音に）解決されるべきだという感覚を伝えるよう響きます。しかし、私がBのキー（調）で曲を歌ったら、同じピッチBの音は、解決の必要のない、かなり安定した音に聞こえます。事実、その音は今やその歌の最後の音符としてかなり説得力をもった働きをするのです。[1]

古典的な実験では、コーネル大学の心理学者C・クラムハンスルが、音階や和音進行のような短い調性の文脈に続き、一つの探査音をリスナーに聞かせました。[2] それぞれの探査音の後に、彼女は単純な質問をしました。その音は先行する文脈にどのくらいうまく合っているかという質問です。彼女は、その回答から音調のプロフィールを作成しました。x軸にそって探査音、y軸にそって

（1） 多重な比喩的ピッチのマッピングは、次の論文に挙げられている。Z. Eitan & R. Timmers (2010). Beethoven's last piano sonata and those who follow crocodiles: Cross-domain mappings of auditory pitch in a musical context. *Cognition*, 114.3: 405-422.
（2） 最初の探査音研究は、次の論文で報告された。C. L. Krumhansl & R. N. Shepard (1979). Quantification of the hierarchy of tonal functions within a diatonic context. *Journal of Experimental Psychology: Human Perception and Performance*, 5.4: 579-594.

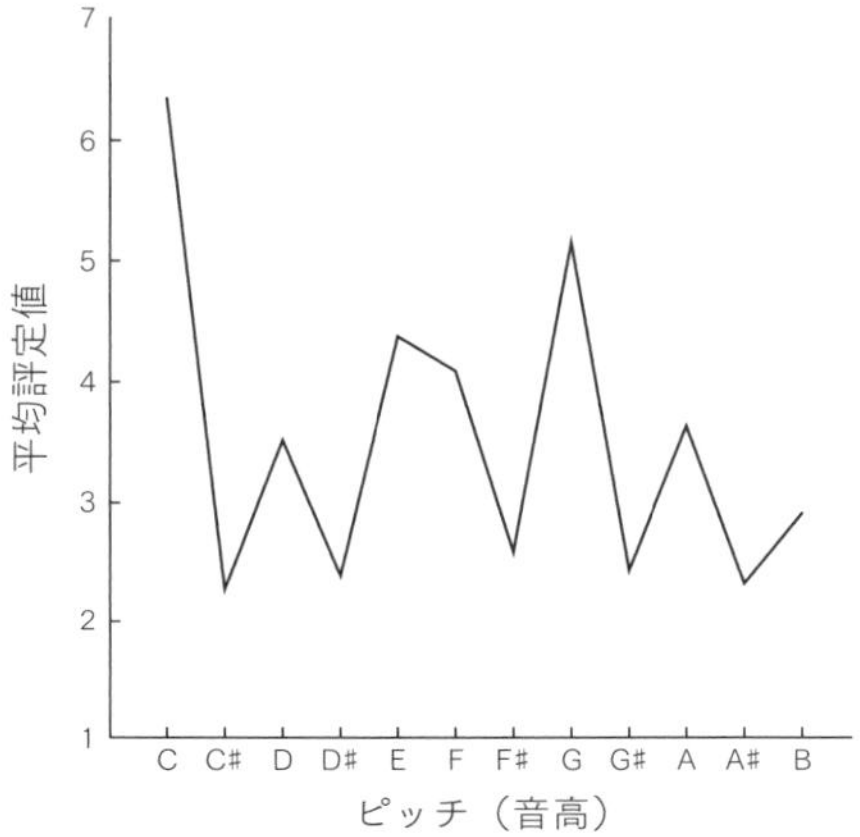

図７　適合の良さの評定を図にした音調のプロフィール

この図は、x 軸にピッチ、y 軸に適合の良さを示してグラフにしたものです。音調のプロフィールと呼ばれ、x 軸は音階の最初の音から始まる限り、あらゆる長調のキー（調）で同じように見えます。そのキーで書かれた曲の中にある各音符の生起頻度をプロットした図は、この図と驚くほどに似ています。それは、音楽の中で起こる傾向についての統計をたどることが、キーの知覚の中に取り入れられることを示唆しています。

［C. L. Krumhansl & E. J. Kessler (1982). Tracing the dynamic changes in perceived tonal organization in a spatial representation of musical keys. *Psychological Review*, 89. から引用。］

適合の良さの評定をあらわしグラフにしたものです。探査音を、支配的な文脈の主音で始まる順序で並べると、そのプロフィールはすべてのキー（調）で多かれ少なかれ同じようなものになります。人々は、主音をその文脈で最もフィットするものとして聞き、キー（調）から外れた音符を最もフィットしないものとして聞きます。人々の反応は、ピッチが関係していることを明らかにしました。個々の音の経験は、支配している音調の枠内でのポジションによって形づくられているのです。

のちに研究者たちは、ある特

定のキー（調）の音楽の中で各ピッチが生じる回数を単に数え上げることで、主音のプロフィールにきわめて類似したグラフを生成できることを発見しました。たとえば、ピッチBは、CのキーよりもBのキーで頻繁に生起するのです。生起頻度のグラフと適合の良さのグラフの間の類似性は、音符の頻度についての統計を黙示的にたどることが、調性の知覚を生じさせる助けになると信じることを可能にするのです。

特定のピッチを超えて抽象化し、中心的な主音との関連で聞く能力は、相対音感と呼ばれています。この種の関連知覚は、ほとんどの人のピッチ感覚を支配していますが、ある人たち（少なくとも一万人に一人、多くて一〇〇人に一人の推定値）にとっては、絶対音感（文脈に関係なく、演奏された実際の音符を同定すること）が顕著です。こうしたリスナーにとっては、周囲の調性の文脈内でCがいかに作用するかよりも、CのCらしさがより目立つのです。

絶対音感をもつ人々は、掃除機の騒音を聞いて、それが$F^{\sharp}$と識別できます。この能力は、驚異的であるように思えます。一般的な人口では希少にもかかわらず、ある推計では、クラシック音楽のトップ40にいる作曲家のほぼ半数が絶対音感をもっていたということです。しかし、音楽の心理学の他の話題の多くと同じように、それが描く現実はやや微妙です。第一に、相対音感は間違いなくより複雑な知覚スキルで、リスナーに音の表面的な特徴を超えて聞き、パターンの観点でそれを理解することを求めるものです。第二に、絶対音感は二者択一の現象ではありません。一部の人は並外れて洗練された絶対音感をもっています。たとえばYouTubeで見られる、音楽プロデューサーのR・ビートの動画では、彼の息子ディランが一度聞いただけで、厚みのある和音の中の個々の音符の名前を言っているところが示されています。しかし、絶対音感の新しい検査法では、音符のラベリングの必要性を回避しています。ピッチを名前で識別できるようになるような音楽トレーニングを受けたことがない人々の強化されたピッチ記憶を明らかにすることのできる、賢い計画を用いるのです。いくつかの研究は、多くのリスナーにさまざまな潜在的な絶対音感があることさえ示しています。その研究では実験協力者が、かなり馴染みのある曲の最初の一節を歌うよう求められると、正確なピッチかそれに非常に近いピッチで歌うことができました。また、テレビのテーマソングを、原曲のピッチで演奏したものと少し移調したバージョンで演奏したものを聞かされると、その番組で流れる原曲バージョンはどちらかをうまく見抜くことができたのです。多くの人は求められてもCのキーで歌うことはできませんが、『ザ・シンプソンズ』[3]のテーマソングの最初の音符をただ歌うだけで、機能的に同等なことを実行できるでしょう。

ピッチ知覚の範囲についてのもう一つの考え方は、聴覚のこれらすべての方法がある程度知覚的に利用できると見なすことです。発達の期間全体にわたって典型的な音楽の練習に取り組むことで、さまざまなフィルターの応用が促されます。音のある側面は他の側面よりも音楽的に適切だということを子どもは学ぶようになるのです。子どもたちは、初めはピッチの高さでメロディを表現していたのが、少し年長になるとメロディの音調曲線[4]（メロディがどう上がったり下がったりするか）に焦点を当て始めます。最終的には、彼らは中心的な主音との関係により焦点を当てるようになるのです。

音楽性の発達

ピッチ知覚のような音楽性の基礎的要素がどのように出現するのか、人によってどう違うのかを理解するには、人々が音楽的スキルを獲得する発達段階を検討することが役に立ちます。乳幼児をあたかも音楽的に白紙状態にあるとして研究することで、文化や経験によって影響される以前の音楽的能力の輪郭を明確にすることができるという考えは、それほど可能性のある見通しとは言えません。乳幼児は母親の心臓の規則的な鼓動の音からとりまく環境の声や音楽まで、子宮内ですでに複雑な音風景にさらされてきました。新生児は、母親の声のみならず子宮内で頻繁に聞いたメロディをも認識します。誕生前に聞いていた音が、乳幼児の音楽性を形成します。このように、音楽の白紙状態は存在しないのです。

音楽は乳幼児の興味を惹きつけます。多くの赤ちゃんが音楽に反応して一点を見つめてくぎ付け

(3) 『ザ・シンプソンズ』（*The Sympsons*）：マット・グレイニング原作のアメリカのテレビアニメシリーズ。一九八九年に放送開始。
(4) 音調曲線：抑揚、イントネーション。音階を上がるような上向きのフレーズなのか、下がるのか、あるいは抑揚のないいわゆる一本調子なのかといった音の高低の動きのこと。

状態になったという直接体験を、親たちが報告することがあります。また、赤ちゃんに向かって歌うことでぐずりが減ることを多くの研究が示しています。乳幼児の知覚システムは、音楽的なまわりの状況について彼らがかなりの情報を取り出すことを可能にしています。六か月の乳幼児は、楽句の間の典型的なところで休止が生じる音楽を、楽句の途中にランダムな休止のある音楽よりも長く聴き続けます。[5] 乳幼児は、ある程度音楽がどのようになるのかを知っているのです。

しかし、乳幼児にはまた著しい順応性があり、異なる音楽システムに適応することもできます。多くの大人が快適と見なす協和音程への好みは、二か月の乳幼児でも見出されますが、他の研究では、六か月の赤ちゃんは、音楽が馴染みのないものである限り、ある歌が協和音と不協和音のどちらを使用しているかには、特に注意を払わないことが示されています。大人の間では、協和音への好みが広く行き渡っていますが、それは普遍的ではありません。クロアチアの農村部の民謡歌手には、多くの西洋音楽で最も不協和な和音の一つであると考えられている平行二度を使って伴奏する人々がいます。西洋文化にほとんどさらされていないアマゾンの先住民族であるチマネ族は、協和音も不協和音も等しく心地よいと評価しました。西洋の大人は、西洋の音階を用いて作曲されたメロディの場合にはその変化をうまく見つけ出すことができますが、乳幼児は西洋音楽の音階を用いて作曲されたものでも、ジャワのペロッグ音階でも、[6] あるいは人工的に作り出された音階でも、メロディの変化を等しく上手に見つけ出すことができます。[7] 世界中のほとんどの音階システムと同じように、オクターブを平等でない音階的進行に分けるという特性を保持する限り、それが可能なのです。

赤ちゃんのこころは、音楽のタイミングに関しても等しく可塑的です。心理学者のE・ハノンとS・トレハブは、二種類の拍子で、この融通のききやすさを査定しました。(8) 一つのタイプは西洋音楽で多く普及している等時性（一つの拍と次の拍とが同じ時間量で分けられること）です。もう一つのタイプは、バルカン諸国の民族音楽で一般的な非等時性（拍の間の距離が短いものと長いものに交互に変化すること）です。西洋の六か月の乳幼児は、等時性の拍の変化と非等時性のそれとを同じように容易に見分けることができますが、西洋の大人は慣れない非等時性の拍の変化を見つけ出すことができません。

六か月から一二か月の間に赤ちゃんが自分自身の音楽文化への没入を続けることで、知覚システ

（5）乳幼児が典型的な場所で休止のある音楽をより長く聴くという知見は、以下の論文で報告されている。C. L. Krumhansl & P. W. Jusczyk (1990). Infants' perception of phrase structure in music. *Psychological Science*, 1: 70-73.

（6）ジャワのペロッグ音階：インドネシアの音階の一つで、狭い音程と広い音程の組み合わせによる七音音階。

（7）西洋音階とジャワの音階への反応は、次の論文に記録されている。L. J. Trainor & S. E. Trehub (1992). A Comparison of infants' and adults' sensitivity to western musical structure. *Journal of Experimental Psychology: Human Perception and Performance*, 18.2: 394-402.

（8）等時性と非等時性の拍子の知覚についての研究は、次の論文。E. E. Hannon & S. E. Trehub (2005). Tuning in to musical rhythms: Infants learn more readily than adults. *Proceedings of the National Academy of Sciences*, 102.35: 12639-12643.

ムは自身に余分なものを取り除き始め、最も頻繁に出会う音の構造により特化できるよう未使用の知覚能力を割り当て直します。そのため、西洋の一二か月児に同じ課題を与えると、非等時性の拍における変化を見つけ出すことができないという、大人のような無能さを示すのです。

しかし話はもう少し入り組んでいます。これら一二か月児の親たちは、バルカンの民族音楽の一〇分間のCDを与えられ、二週間にわたり一日に二回、赤ちゃんにこのCDを聴かせるよう教示されました。この期間の終わりに再テストすると、一二か月児は等時性と非等時性の拍の両方の変化をもう一度見つけ出すことができたのです。非等時性の拍を扱うのに必要な知覚スキルを回復するには、短期の受動的な曝露で十分でした。一方、西洋の大人が一、二週間同じCDを一生懸命聴いても、その後で非等時性の拍の変化を見出すことはできないままでした。

乳幼児期は、音楽の可塑性の特別な時間枠を呈しているようです。赤ちゃんは、どんなことばにさらされても学ぶことができるように、まわりのどんな音楽システムにでも適応するのです。ひとたび可塑性の時間枠が過ぎると、大人が新しいことばを学習するのに苦労するのと同じように、新しい音楽システムへの適応に苦労します。音楽心理学の研究のお手軽レッスンを探し求めている親たちは、皮肉にもその領域の一般的な考え方が示唆するように、赤ちゃんに一日中モーツァルトを聴かせるのは有益ではないと結論づけるでしょう。むしろ、広い範囲の音楽スタイルに触れさせることで、さまざまな音楽システムを吸収する幼児のこころの能力を最もうまく利用できるようになるでしょう。

音楽的な有能さの他の領域は、発達の期間全体にわたり出現します。リズムのような普遍的な音楽の属性は一般的に早期に学習され、ハーモニーのような世界の音楽システムの少数であらわれる音楽の属性は、一般的に後期に学習されます。このパターンは、もし普遍的な音楽属性の多くが知覚システムの制約とアフォーダンス(9)の利点を利用しているなら、期待されたものになるでしょう。そして、発達するこころがより早期に、より容易にこうした特徴に波長を合わせることになるでしょう。しかし、音楽の実践における普遍性の程度に影響を及ぼす政治的で歴史的な無数の要因から、知覚の制約の役割を解きほぐすことはほとんど不可能です。

知覚的な限界が関連しているという軌跡の予測と一致して、子どもたちはハーモニーの感覚より前に、キー（調）の感覚を発達させます。世界中の音楽文化にとって、キーを構成するものとしてともに考えられている中心的なピッチと音階が曲の特徴となることは共通ですが、西洋音楽のように一種のハーモニー構造（和音を支配するルールや一緒に演奏するときのピッチがどのように聞こえるかといったこと）が特徴となるのはまれなことです。間違ったキーで目に余るほどひどい音で終わる抜粋曲を聴いた西洋の四歳児は、それを正しいキーで終わる抜粋曲と同じくらい良い音だと考えます。しかし、五歳児は一貫してそうした曲を悪い音だと評価します。幼い子どもは歌っているとき、音調曲線を保ちながら（適切なときに上下はするが、キーによって指定されたのとは異なる程度で）一つの

（9） アフォーダンス：afford（与える、提供する）を名詞にした、知覚心理学者ギブソン（Gibson, J. J.）の造語。環境がその中で生きる動物に与えてくれる行為の機会のこと。

キーから他のキーへと迷う傾向にあります。伝統的なメロディが暗示するハーモニーと和音への感受性は、一般的には八歳くらいになるまで発達しません。

拍と同期する能力は、キーやハーモニーをあらわす能力よりも幾分早くあらわれます。よちよち歩きの幼児は多くの場合、音楽に合わせて踊りますが、彼らの体の動きが一貫して拍に合致することは就学前の年齢までありません。子どもに録音された音楽に合わせてトントンと音を鳴らすよう求めた研究は、四歳児までは確実に同期することはないことを示しましたが、その後の研究では、録音にトントン合わせるのではなく人間のパートナーと一緒に太鼓を叩くよう子どもに求めると、二歳半の子どもたちが実際に同期できることが明らかになりました。[10] 録音か人間のパートナーかであらわれた子どもたちの同期の成功の違いは、現実的で、社会的に組み込まれ、最上の動作を引き出すのに十分な動機づけのできる課題を使うことの重要さを明確に示します。不一致の知見は、提示された課題の差異ではなく、同期のモデルに使用された統計や数学の相違であるとみる人もいます。この論争は、研究デザインから引き出される結論を決定する際には、研究デザインのすべての側面が重要であることを指摘しています。

類似した制約は、音楽を感情的に経験する幼児の能力についての研究にも存在します。体系的に特徴を変えた音楽を聴いて、子どもたちにそこから感じた情動のラベルをつけるよう求めた実験室研究は、(三歳から四歳の) 就学前児は、テンポや音の大きさを大人が提示したのと同じラベルの情動に結びつけることができることを示しました。しかし、六歳から八歳くらいになるまでは、旋法の変化（短調から長調への切り替え）と伝統的な情動のラベルとを結びつけることはできません。とはいえ、実験室で音楽を聴く経験も具体的な情動のラベルを選ぶ経験も、どちらも子どもたちがふだん音楽と相互作用する方法を反映してはいません。たとえば、子どもたちは三歳から四歳になる前に、子守歌に適切な反応を示します。ゆっくりで静かな音楽がもつ子どもたちを落ち着かせる能力は、一種の情動反応として容易に考えられるかもしれません。同様に、乳幼児が自然な社会的環境にあり、音楽を聴くときに普通示される一種の文脈的手掛かりを与えられれば（たとえ彼らがどの情動に結びつくかをはっきりと口にできなくとも）、音楽の表情豊かな特徴について現在までの研究がとらえてきたよりももっと微妙な違いの評価を、顔の表情で示してくれるでしょう。

音楽トレーニングの効果

音楽トレーニングの考え方は、正式なバイオリンのレッスンや理論クラスから、楽譜なしでギターを学んだり、ドラム・サークルで演奏したり、コンサートに出かけたりといったことまでの、あらゆる種類の経験に及んでいます。しかし、クラシックの伝統における正式なトレーニングで

（10）子どもの同期能力が社会的文脈で改善することを示した研究は、次の論文。S. Kirschner & M. Tomasello (2009). Joint drumming: Social context facilitates synchronization in preschool children. *Journal of Experimental Child Psychology*, 102.3: 299-314.

ある、第一の種類のトレーニングについては、よく研究されてきました。それは、音楽心理学者の多くがその伝統の出身だからということもありますが、個別によく定義された努力だからでもあり、また、骨が折れ時間もかかる一連の体と心の活動（それは何もしなかった統制群に比べ、測定可能な認知的変化を生じるらしい）を含んでいるからでもあります。

正式の音楽トレーニングを調査する研究は、音楽トレーニングを探し求めたり、それを粘り強く続けたりする人や、そもそもそうしたトレーニングを受ける手段をもつ人から得られる効果から、もつれをほどいてトレーニングそれ自体の効果を解きほぐすという難題にしばしば立ち向かいます。ほとんどの実験的研究は、選択バイアスを避けるために、実験参加者をある特定の処理群にランダムに割り当てます。しかし、赤ちゃんの人生最初の一〇年間を、音楽のレッスンを受ける群とそれを受けることがはっきりと認められない群にランダムに割り当てることは、倫理的ではありません（いうまでもなく実践的でもありません）。

その代わり、多くの場合、研究者は最も関連のありそうな特徴に合致する子どもたちからなる二つの群を作ろうとします。典型的な研究では、同程度の社会経済的特徴、基準となるＩＱ得点、パーソナリティのタイプをもった子どもたちの二つの群を作り、一つの群には音楽のレッスンを、もう一つの群にはある統制の活動を提供します（この統制の活動が重要であることが判明します。なぜなら、大人のインストラクターと一緒に集中する時間が積極的な影響をもっており、その相互作用における音楽的な要素とは独立しているからです）。しかし、実験参加者の特徴を統制しても、良い統制の活動を選んでも、二群間で統制されていない何らかの知られていない第三の要因が効果を駆り立てている可能性があります。あるいは、具体的な音楽的内容よりも音楽のレッスンのある側面が、何らかの差の原因となっている可能性があります。

こうした限界に悩まされるとはいえ、研究は音楽のレッスンが聴覚的な作業記憶と実行機能から読解力、IQ、学校の成績までの音楽的ではないいくつかの課題に改善をもたらすことができることを見出す傾向にありました。最も強固な証拠は、音楽トレーニングが発話の知覚に与える影響を支持しています。音楽トレーニングを受けた人々は、騒音の多い環境でも会話をよく聞き取ることができ、外国語の二つの文章が同じか違うかを上手に判断することもでき、話者の情動を韻律からだけで（実際の音素の内容がぼやけ語句がもはや区別できなくなったとき、発話のメロディが残る）直観することも得意です。音楽トレーニングを受けた子どもたちは、よりよい音韻意識（ことばの基礎を形成する音の構成単位に焦点を当て、操作できる能力）を示します。これら報告された発話知覚の効果は、その根底にあるメカニズムについての明白な理論によってさらに支持されます。ノースウェスタン大学のN・クラウス研究室の研究は、音楽トレーニングを受けた人々では、脳幹のニューロンがピッチをより正確に追跡することを示しました。ピッチのより忠実な再現が、いかに音韻意識を高めるか、そして、ひいてはいかに読書スキルに影響するかを想像することは容易です。

音楽はしばしば数学の観点から研究されてきました。たとえば、ピッチやタイミングの定量的モデルを生成するものとしてです。ピタゴラスまで遡ると、音楽と数字の関係についての準－神秘的な概念が多くの想像を支配してきました。そうした概念が、音楽トレーニングが数学の能力に与える影響を識別する目的での重要な研究を促進したのです。しかし、これらすべての研究は、音楽の正式なレッスンが数学の鋭い洞察力に影響するという証拠をほとんど示しませんでした。同様に、数多くの研究にもかかわらず、音楽トレーニングは情動的知能に影響するという証拠もほとんど存在しません。

個人差

音楽のトレーニングの効果に関する初期の研究は、「音楽家」と呼ばれる群と「非音楽家」と呼ばれる群を比較しましたが、これらの用語は理想的だとは思われません。これらの研究のほとんどで、「音楽家」は「西洋クラシック音楽の伝統で正式なトレーニングを受けた人」を意味しました。「非音楽家」は単に、そのようなトレーニングを受けていない人を意味していました。これらのカテゴリーは、「非音楽家」と名付けられた多くの人々が他の方法で深く音楽にかかわっているという事実（たとえば、凝ったレコード・コレクションを管理しているとか、独学でスカについてのすべてのことを学んだとか、音楽批評家やＤＪ〔ディスクジョッキー〕など音楽を職業として生計を立てているとか）をあいまいにするものでした。[11]

音楽の能力や行動についての個人差は、正式なトレーニング（あるいはそれの欠如）のカテゴリーを超えて広がるものです。音楽の心理学は、その他の種類の相違を比較することだけで前進してきたように思われます。たとえば、楽譜なしでトレーニングをした人と記譜法でトレーニングを受けた人の相違、貪欲に音楽を聴く人とそれほど音楽経験を求めない人との相違です。

二〇一〇年以降、研究者はより良い解決法でこうした個人差を特徴づけられるよう道具を発展させてきました。音楽専念尺度[12]（ＡＩＭＳ）は、音楽を聴くことにどのくらい魅了されるかという一般的な感受性によって、個人を得点づけるものです。「ある特別な歌／曲が流れると、それを聴くために、していることをすべて止める」「音楽を聴いているときに、あたかも自分のこころが全世界を理解できるように感じることがある」といった質問文への同意の度合いを測定します。個人のＡＩＭＳの得点は、音楽を聴いている間の音楽に対する情動反応の強度ならびに語りを想像する傾向を予測することが示されました。

ゴールドスミス音楽洗練指標（Gold-MSI）は、類似の自己報告インベントリーを用いています。その人が正式なトレーニングを受けた人かどうかの範囲を超えた方法で、音楽的洗練の個人差を測定するために、リスニングテスト・バッテリー一式が補足されています。Gold-MSI には、個人が

（11） スカ：一九六〇年前後にジャマイカで生まれた音楽。アメリカのリズム・アンド・ブルースに影響を受けたもので、レゲエの土台となった。

（12） 音楽専念尺度（Absorption in Music Scale）は次の論文による。G. M. Sandstrom & F. A. Russo (2013). Absorption in music: development of a scale to identify individuals with strong emotional responses to music. *Psychology of Music*, 41.2: 216-228.

音楽に専念する時間と資源の程度についての質問が含まれます。また、知覚能力についての自己報告式査定や、音楽の記憶と拍の知覚、同期演奏、音の変化を感知する能力を測るリスニングテスト、さらに音楽のトレーニング、歌う能力、音楽に感情的にかかわる能力に関する質問もあります。「音楽家でない人の音楽性」と挑発的に題された論文では、心理学者のD・ミュレンジーフェンらが、正式なトレーニングを受けていない人々を広い範囲の音楽の行動と適性で識別するために、Gold-MSI を用いています。[13]

音楽性における個人差について心理学がどう取り上げてきたかの歴史は、客観性と純粋に科学的であると思われる研究がどの程度、音楽の文化的概念にその起源をもっているかを明らかにしています。もし楽器演奏の正式なトレーニングが音楽家の才能のリトマス試験紙として優先されないなら、楽器を練習する効果よりはむしろ熱心に音楽を聴くことの効果を調べる研究を多数見てきたでしょう。変数として符号化されて研究される行動と素質は、社会の概念とそれらの評価に依存しています。このために、音楽の心理学は、人文科学の研究者の深い関与なしでは進められません。音楽への考えや、その練習方法や前提が、音楽心理学者が研究する話題と変数にどう影響しているかや、音楽の心理学における知見がどう解釈され理解されるかについて、深く考えることが必要不可欠です。

特別な音楽能力

音楽の個人差の範囲の最端部は、とりわけ興味深い事例をなしています。年少でびっくりするほどの修得に達した音楽の神童たちが、音楽的なこころの働きについての仮説に挑戦することがあります。二〇〇五年生まれのアルマ・ドイッチャーは一〇歳までに完全版のバイオリン協奏曲とオペラを作曲しました。二五〇年前に生まれ七歳で最初の交響曲を書いた、神童として最も有名なヴォルフガング・アマデウス・モーツァルトを思い起こさせます。

ドイッチャーもモーツァルトもともに、絶対音感の能力をもっており、熱心な音楽家である親を通して音楽に早くから触れ、作曲と即興演奏の早期トレーニングを受け、早くから音楽に没頭する多くの時間があり（ドイッチャーは自宅で教育を受けました）、二人とも音楽を作ることに明らかに本物の悦びをもっています。子どもとして驚異的な知覚・認知・実行・運動スキルが、長くて洗練された音楽の作曲や演奏に求められることとは別に、表現豊かな説得力のある音楽を創造する能力は、どのように音楽が作用するかという普通の概念に対してとりわけ挑戦的であるように思われます。もし音楽が、情動的経験の層のうち表現するのに最も微妙で最も困難なものを明瞭に表現する

（13）　Gold MSIは、次の論文で詳述されている。D. Müllensiefen, B. Gingras, J. Musil, & L. Stewart (2014). The musicality of nonmusicians: An index for assessing musical sophistication in the general population. *PLoS ONE*, 9.6: e101091.

のなら、どうして子どもたちが恍惚や落胆といった経験から何十年か分の恩恵を得ることなく、こころを動かすパッセージを作曲できるのでしょうか。こうした種類の成熟に頼る詩のような分野では、神童は容易には出てきません。

音楽的サヴァン(14)の人、つまり認知機能が低いにもかかわらず、他の障害にそぐわないように思える一種の音楽の離れ業をやってのける人も、異なるものの等しくみごとな種類の音楽的適性を示します。ピアニストのレックス・ルイス＝クラックとデレク・パラヴィチーニは盲目で、二人とも日々の用事をこなすことも困難な認知的障害をもっています。しかし、彼らはともに絶対音感のきわめて正確な感覚をもっており、ピアノを弾くだけでなく、即興もできるある種の音楽能力をもち、ひとたび歌を聞けば、あたかも何年間も学んだかのようにその歌を再現することができます。一部の研究者は、発話と視覚の欠損が、より多くの脳領野を聴覚処理のために取り込むのを許した可能性があると示唆しました。さらに、他の刺激がないために、サヴァンの人は、非常に幼いときから本当に尋常ではないほどの時間を楽器に費やすかもしれません。オンラインの動画では、寝るときもそばにキーボードがあり、忘れないように小さな腕が鍵盤をつかんだままというよちよち歩きの頃のレックス・ルイス＝クラックを見ることができます。

遺伝的な発達障害の一つである、ウィリアムズ症候群の人は、ＩＱが低く、学習の困難さや、数学と空間推理に問題がある傾向にあるものの、同時にことばと音楽にすぐれたパフォーマンスを示し、他者へのあふれんばかりの外向的指向をもっています。ウィリアムズ症候群の子どもたちは多くの場合、音楽に強い興味をもっており、特に情動的内容に敏感です。

予想外の場所（若い年齢で、他の障害と一緒にあらわれる）における音楽的能力のこうした鉱脈の出現は、音楽的なこころの限界と潜在力を理解する機会を提供します。音楽性は、さまざまな行動と態度の範囲を取り囲むということを思い出すのにも役立ちます。一三声部の音符のすべてを言えるものの、表現豊かな音調変化をほとんど示さないで演奏する自閉症の子どもは、シューベルトの歌曲に対して泣きだしそうになるウィリアムズ症候群の子どもとは、異なる音楽性の部分を利用しているのです。

音楽にかかわる特別な障害

人は、特別な音楽の能力を与えられていると自慢するよりも、音楽的な障害に苦しんでいることに不平を言うことの方が多いようです。人口の一五％以上の人が、自分は音痴であると主張します。失音楽症（ピッチ処理に影響する臨床的な障害）の最も大まかな定義でさえ、人口の五％以下であるとしています。

あまりにも悲観的な自己診断の原因は何なのでしょうか。一方で、西洋文化は世界中の多くの文

（14）サヴァン：一般に精神的な遅滞があるが、いくらかの限られた分野で並外れた才能を示す人のこと。

化以上に音楽の演奏を専門家の領域に所属させます。西洋のクラシックの伝統の外では、演奏者と聴衆を別々の集団に分けるのではなく、音楽を作ることにすべての人々を参加者として関与させることの方が一般的です。自分の音楽の才能を否認する人々の傾向は、この専門家への固執からきているのでしょう。他方で、ピッチを知覚するのに問題があるときではなく、ピッチをつくり出すのに問題があるとき（「音をはずした」と感じるとき）に、人は自分を音痴だといいます。歌が下手なことは、ピッチ知覚とは全く関連しない運動計画の問題から生じる場合があります。

失音楽症の臨床的試験は、一対のメロディを聴くことからなり、そのいくつかが普通のリスナーがひどいと感じる一つのピッチに変化することが含まれます。メロディが同じか異なるかを言うよう求められると、失音楽症の人は自分が正しく回答できないことに気づきます。興味深いことに、このきめの細かいピッチ知覚の障害は、言語処理障害である失語症とは別に起こります。失音楽症の人は、一般的にことばの韻律の側面は正しく理解できるのです。たとえば、ある文章が質問文なのか不同意をあらわす文なのかはわかります。しかし、発言のメロディのみが残り音声がぼやけると、失音楽症の人はてこずります。この対比は、現実世界の会話の文脈で機能するピッチ以外の並行する情報の流れに依存しているからだろうということを示唆しています。発話の知覚の結果は最小限ですが、ピッチ処理への苦労は別の重要な結果をもたらします。それは音楽の記憶のような広い認知能力に影響し、強力な社会的効果をもつことがあるのです。失音楽症の人は、馴染みのある音楽を認識することができなかったり、演奏された音符が間違っていたかどうかを知るために友人の顔の表情に頼るといったことが起こります。

失音楽症は音楽の楽しみを消滅させてしまいますが、音楽の無快感症（アンヘドニア――音楽から悦びを得ることが一般的にできなくなる）も、ピッチ処理の何らかの問題とは独立に生じます。音楽無快感症の人は、音楽を普通に知覚し、報酬回路もそこなわれてはいません。彼らは、他の活動からは快楽を引き出すことができますが、音楽でこころを動かされたり楽しんだりはできないことに気づきます。典型的な生理学的反応を示さないし、音楽への興味が一般的に欠落していることが報告されています。ラジオを聴いたり、スポティファイ(15)のプレイリストを作成したりすることもありません。最近の神経画像処理の研究で、特に音楽について情熱的な人々は聴覚野と皮質下報酬ネットワークの間により大きな連結性があることが示されました。一方、音楽無快感症の人々は、これらの領野間の連結性が減少していることが示されています。言い換えれば、音楽から快感情を引き出せない人々は、音処理中枢と快感情の中枢は完全に機能していますが、音楽によってわくわくする感情を可能にする二つの領野間の結びつきを欠いているのです。

（15） スポティファイ（Spotify）：ストリーミングによる音楽配信サービス。

第7章

音楽への熱望

音楽は魅惑的で、私たちの生活に不可欠のように思われますが、こうした感情の次元は正確に理解するのには最もとらえどころのないものの一つです。さまざまな場面で曲の抜粋を操作し、人がそれを思い出すかをテストすることによって、音楽の記憶のようなものを研究するのは比較的簡単です。音楽が私たちのこころを動かす方法を研究することには、深い思考を要します。それはまた音楽の心理学にとってユニークな機会を提示しています。

こころを奪い、こころを動かす音楽の経験の情動的な側面を特徴づける挑戦は、心理学を超えて広がっています。音楽学や哲学はそれらを組み立てる適切な概念を見つけるのに苦戦してきました。それはちょうどリスナーが日々コンサートでの力強い経験を記述するのに苦戦するのと同じです。この問題への音楽心理学の一般的アプローチは、がっかりするものです。多くの場合、個々人の音楽経験の側面を操作し、情動反応への不満足な代用データを測定することで研究しています。たとえば、典型的な研究は、曲が長調か短調か、リスナーが満席の場所で聴くか一人で聴くかといった何らかの音楽の様相を変化させ、一点から七点までの尺度でその抜粋曲が楽しいか悲しいかの評定を参加者に求めるものです。明らかに、深い音楽経験を引き起こす第一の要因は、旋法（曲が長調か短調か）ではないし、他のリスナーがいるかいないかでもありません。深い音楽経験の一番の特徴は、曲が楽しいか悲しいかを識別することでもありません。しかし、これらの研究はまさに、小さくて不完全ですが扱いやすいとっておきの洞察（理解を前に進める対話へと研究者たちを駆り立てることができるもの）を提供してくれる方法です。音楽の経験を明らかにしようとする哲学者がこのような研究に出くわしたとき、他の方法では探究が困難というネガティブな空間でそれらを切り分けるために、この研究を使用します。深い音楽経験は、楽しいか悲しいかのラベルについて問うことにより分析されうるという概念に反対することによって、その哲学者は自分自身の議論に価値あるものを提供します。それが心理学者に対してさらなる研究を誘発し、次にまた哲学者のより細かく切り出された理論を刺激します。このように、外見上克服できない問題は、両者によって研究され、次第に解決されてきたのです。

音楽に対する情動反応

明確にするのは難しい音楽経験のすべてが、情動的であるわけではありません。ある曲に（油断なく、注意深く、興味深く）惹きつけられた人は、情動それ自体を経験してはいないでしょう。しかし、多くの人にとって、こころの内側に届く複雑な現実の情動をうまく引き出す音楽の能力は、生活の中で重要な位置を占めています。

二種類の経験の間を区別することが重要です。一方で、音楽は情動を引き起こすことができます。歌を聴くことで、人は悲しみで泣くこともできるし、素晴らしい悦びを経験することもできます。しかし時には、情動状態を実際に経験するというよりはむしろ、歌を聴くことで人はその音楽が悲しみか悦びの表現が豊かであると、単に認識するだけかもしれません。これら二つの反応はどちら

図８　「ピーターと狼」を聴く子ども

「ピーターと狼」を聴いているとき、子どもには強い情動反応があります。

［著者の収集］

も興味深いものです。しかし、前者の方がとても不可解なために、音楽心理学からはより多くの注目を受けてきました。情動は通常、人の目標に関連する明確な事象によって刺激されます。たとえば、悲しみは見捨てられる見通しによって引き起こされ、悦びは和解の望みによって引き起こされます。音楽は、誰かを見捨てることもないし、和解させることもありません。音楽は情動反応の引き金となるような関連する目標対象を何らもたらさないようです。

　この基本的な不思議は、音楽が情動を引き起こすメカニズムを特定する努力を刺激してきました。その努力は、スウェーデンの心理学者Ｐ・ジュスリンとＤ・ヴァストファールによって簡潔にまとめられました[1]。最も基本的には、突然の大きく不快な音は、差し迫った脅威をもたらす事象に対する反応として、覚醒の調節を意味する脳幹部の反射を引き起こします。たとえリスナーが大きな和音が危険を示さないことをよく知っていても、この物理的に組み込まれたシステムが、結局は無害であることがわかる場面でさえあらかじめ注意深く作用するのです。走っているとき、そばに斑点のついた棒切れがあると、ゆっくりと働く理性的な認知システムがそれはヘビではないと理解するために介入する前に、びっくりする反応を引き起こすのに似ています。

危険信号に対する原初的な神経システムを利用することとは別に、それ自体は音楽的ではないものの、音楽が現実世界の連想を想起させることがあります。そうした連想は評価的条件づけとエピソード記憶を経由して情動を引き起こすのです。一〇代の頃、毎年夏にキャンプファイアのまわりで歌った歌が、後年に強烈なノスタルジアを引き出すことがあります。過去のある人との関係にひときわかかわりのある曲を偶然ふと耳にすると、その人と関連したすべての感情がよみがえります。これらの場合、情動の対象は、音楽それ自体でもなく、それが想起する現実の人や出来事でもありません。このような音楽以外の発生源があるために、音楽心理学者は、音楽的情動の評価的条件づけのメカニズムにはほとんど関心をもたず、音楽自体は周辺の役割しか果たしていないと考える傾向にありました。しかしこの仮定は、今後の研究に値する好奇心をそそる二つの側面を見落としています。

第一に、どのようにして音がそれをとりまく生活環境との強力な連想をこれほど容易にもたらすのかです。最近の研究は、音楽が馴染みのある顔よりも自伝的記憶をより鮮明に呼び起こすことを

（1） どんな音楽が情動を引き起こすかの仮説的メカニズムのリストは、次の論文に見られる。P. N. Juslin & D. Västfjäll (2008). Emotional responses to music: The need to consider underlying mechanisms. *Behavioral and Brain Sciences*, 31: 559-621.

示しています。カリフォルニア大学デーヴィス校の心理学者P・ジャナタが、実験協力者にその人の青年期にヒットチャートのトップにあった歌を聴かせたとき、彼らは馴染みのあるほとんどの歌から特定の自伝的記憶を連想すると報告しました。(2) 神経画像処理は、一〇代の頃に流行した歌を聴くと、彼らの内側前頭前皮質(アルツハイマー病が進行しても、機能が後々まで保たれる部位)での活動によって連想の記憶が再生されることを示しました。音楽-記憶の結びつきにおけるこの部位の重要性は、アルツハイマー病の人に青年期の歌を聴かせることで、なぜこうした患者の記憶と注意の改善が生じうるのかを説明する手助けになるでしょう。

第二に、どのようにして音楽は情動を増幅させるのでしょうか。その情動は他の状況で起こるものよりも強烈に自分自身を顕示する、特別な高い興奮状態をつくるような連想によって引き起こされるものです。このことについての私自身の好きな例は、中高校生のときにインターローケンでのサマースクールで起きた出来事です。ミシガン州での八週間の音楽キャンプの最後の夜は、いつもリストの「レ・プレリュード」(3)を演奏することが特徴でした。演奏後、指揮者はその年のセッションの終わりの合図として指揮棒を壊しました。ともに演奏して過ごしてきたキャンプの参加者たちは、身を寄せ合い、別れのときが近づいたことに涙を流しました。数十年後、はっきりとインターローケンについて考えられるようになった時点をとっくに過ぎても、ノスタルジアが呼び起こされ、思いがけなくラジオであの独特のテーマが流れてくると、今でも鳥肌が立ち涙が出そうになるのです。青年期の夏についてはっきりと考えられることは、肩をすくめるようなことしか出てきませんが、音楽によって呼び起こされるはっきりしない連想は本格的な情動を引き起こします。この場合、音楽は生活経験を単に指し示すこと以上に明らかに貢献しているのです。

脳幹部の反射と評価的な条件づけに加え、ジュスリンとヴァストファールによって提出された第三のメカニズムは、情動的伝染です。人がある特定の情動を示す顔の表情をみるとき、その人自身の顔面の筋肉は、しばしば微妙な同情的鏡に映したように思わずゆがんでいきます。ある具体的な情動を表現する声（たとえば低音でゆっくりの、とぎれとぎれの声）を聞くと、そこから連想される根底の状態（悲しみ）を潜在的に誘発し、その方向に自分自身の声が動くことを想像します。サルの運動前野のミラーニューロン[4]の発見（動物は自分がある行為をするときだけでなく、他者がすることを見たり聞いたりするときでも神経細胞が活発化する）は、次の仮説を強化します。つまり、脳のネットワークは、知覚した人間の行為を、想像されたり実行されたりした人間の行為と解釈するのを支持するために存在するという仮説です。音楽はこのシステムを利用しています。表情豊かな声の特徴

（2）音楽と自伝的記憶に関するP・ジャナタの研究は、次の論文。P. Janata (2009). The neural architecture of music-evoked autobiographical memories. *Cerebral Cortex*, 19.11: 2579-2594.

（3）「レ・プレリュード」（*Les Préludes*）：前奏曲。フランツ・リストにより一八五四年に、「人生は死への前奏曲」という考え（アルフォンス・ド・ラマルティーヌの詩による）に基づいて作曲された交響詩。

（4）ミラーニューロン：ある個体が、ある特定の行為をみずから行うときに活動するニューロンが、別の個体が同じ行為をしているのを観察するときにも活動していること。一九九五年にイタリアの脳神経科学者リツォラッティ（Rizzolatti, G.）の研究グループによって報告された。

を誇張するような音をつくり出す（たとえば、話すときよりも低い声でゆっくりと歌う）ことによって、とりわけ高ぶった情動状態を引き出すのです。

音楽は、視覚イメージを呼び起こすことによって情動を引き出す場合もあります。音楽に対する反応として、人は容易に視覚イメージと物語の想像をつくり出します。最近の研究では、オーケストラによる抜粋曲を提示された人々のほぼ六〇％が、物語やその要素を想像したと報告しています。これらのイメージと物語が、次には情動を引き起こすことができるのです。評価的条件づけと同じように、このメカニズムは情動反応の引き金として働く、音楽以外の連想を想起する音楽の力に依存しています。それは多数の重要な研究の問いを提起します。これらの想起はどのようにして出現するのでしょうか。イメージや物語の観点で抽象的な領域を理解する固有の傾向からきているのでしょうか、または特定の文化的経験がリスナーにこのように音楽を聴くことを奨励するのでしょうか。音楽とイメージの組み合わせとして普及している映画は、この反応を形づくるのにどんな役割を果たしているのでしょうか。リスナーが音楽以外の連想を経験するとき、どの程度その連想は視覚的なのでしょうか。

こうしたメカニズムの大部分は、全く音楽的ではない実体と音楽との深いかかわりに依拠しています。つまり、音楽が具体的な経験、対象や社会的集団にどう言及しているかということです。しかし、一つのメカニズム（音楽的な予期）だけは、純粋に音波の側面にもっぱら依存しています。一九五〇年代にL・マイヤーが最初に発展させたこの理論は、音楽の驚きの瞬間を情動や表現の豊かさの経験と関連づけます[5]。正式なトレーニングを受けていないリスナーさえも、音楽の展開としてある一定の継続の仕方を予期します。はるかに離れた音符に飛び跳ねたりキーから踏み出したりというように期待からそれることによって、音楽は緊張と表現豊かな激しさを生み出すことができるのです。

音楽に対する情動反応は、痛烈な一瞬の感覚から強烈な持続的に世界観を変えるような状態まで多岐にわたります。約五〇％の人たちが音楽を聴いているときに、ぞくっとする感じを経験したことがあるといいます。背筋がゾクゾクするような快い感覚をきたし、鳥肌が胴体に広がり、腕の毛は逆立ちます。音楽的なゾクゾク感を感じやすい人たちは、ジェットコースター、スカイダイビング、あるいはエクストリーム・スポーツ（離れ業を売りとするスポーツの総称）に惹きつけられる傾向にはありません。ある人にとっては、キーの変化が十分にうっとりと夢中になる感覚を生じさせてくれますが、他の人にとっては、飛行機から飛び降りる必要があるかもしれません。

ベートーヴェンが、確実にゾクゾク感の引き金になる人もいれば、エルヴィス[6]がその引き金になる人もいますが、どちらもゾクゾク感を引き出す瞬間にはある同じ特徴があります。それはほとん

（5）驚きと音楽的感情との結びつきは、以下の書物で記述されている。L. B. Meyer (1956). *Emotion and Meaning in Music*. Chicago: University of Chicago Press.

（6）エルヴィス・プレスリー（Elvis Aron Presley, 1935-1977）：アメリカのミュージシャン、映画俳優。世界史上最も売れたソロアーティストで、「キング・オブ・ロックンロール」と称される。

どの場合、おだやかな音から派手な音への、またはあるキーから他のキーへの突然の変化、新しい楽器の追加、範囲（低い音域から高い音域へ、あるいはその逆）の突然の移動に関係しています。神経画像処理の研究は、音楽的なゾクゾク感が他の多幸感の経験の基礎となる脳の領野に依存していることを示しています。

多幸感は、強い語句のように思えますが、人は音楽の真にうっとりとした経験を維持することができます。一九六〇年代、心理学者のA・マズロー[7]は至高体験を研究しました。めったにない準神秘的な至福の感覚、それは爽快な新しい方法で現実を知覚する感じを人に維持させるものですが、そうした体験には音楽とセックスが最も容易な近道だと彼は結論しました。四〇年後、A・ガブリエルソンは、この音楽とうっとり感の関連を取り上げ、千人以上の人に過去の最も強い音楽経験について自由に記述するよう求めました[8]。時々起こる至高の音楽経験の楽しみは、特定の人口集団あるいはパーソナリティのタイプ、特定の音楽ジャンルに限定されませんでしたが、より柔軟でオープンな人たちが、その経験をする傾向にありました。至高体験の聴取の間に、人々はそこで高められた情動性についてしばしば報告しました。それは体の境界がほぐれ音楽に溶け込むという感覚とともに、新しい重要な洞察を得たという知覚でした。

至高体験はまれなものですが、その記憶は長く残り、人が自分自身ならびに自分の世界について考える道を形成します。その実質的な影響のために、普通の音楽経験はどの程度至高エピソードの淡いバージョンとして作用するのか、あるいはむしろ全く異なる種類のものとして作用するのかという問いが生じます。人が同じ歌を聴いたり聴き返したりする性癖を検討した研究は、この繰り返しで成し遂げられることの一つは、リスナーをほとんど参加型のような形で熱中する音楽に折り込むことであると述べました。同じ曲を再び聴くことで、次に何が来るかの予測ができ、音楽がどう継続するかをそれが生じる前に内的に想像することが可能になるので、馴染みのある音楽は、その過程にリスナーを包み込むことができるのです。それは人々が至高体験の最中に感じたと述べたほぐれる感覚に関連すると思われる、音と溶け合う楽しい感覚を生じさせます。このつながりは、音楽における普通の楽しみと最上の楽しみは種類よりも程度で異なるだろうということを示唆しています。

音楽に対する美的反応

「美学」という語には複数の意味があり、西洋（とりわけドイツ）の芸術における美の黙想についての概念に言及することができます。しかし音楽心理学者は、音楽によって引き出されたどんな経

（7） アブラハム・マズロー（Abraham Maslow, 1908-1970）：アメリカの心理学者。人間性心理学を創設し、自己実現の過程を理論づけた。
（8） 音楽の至高体験に関するA・ガブリエルソンの研究は、次の書物で要約されている。A. Gabrielsson (2011). *Strong Experiences with Music: Music Is Much More Than Just Music.* (translated by R.Bradbury) New York: Oxford University Press.

験にも広く言及するためにこの語を用いる傾向にあります。とりわけ、認知的・情動的な属性がすでに説明されたときに、残された側面に対して用います。これは、ことばで表現するのが最も難しい音楽の側面に取り組むために残してあるのです。

科学的に研究しようとしている経験について、どのように話せばよいかさえわからないとき、満足のいく洞察ができるかはまだよく見通せません。しかし多くの実証的方法は、人々が直接アクセスすることができないこころの過程をあらわにすることをまさにねらっていることが後でわかります。音符についての任意の質問（それが曲中で奏されたかどうか、トランペットかバイオリンのどちらで演奏されたか）に対する反応時間を測定することで、人々が予期していた程度を明らかにすることができます。それは予期を言語化することが全くできないときでさえ（音符についての予期を保持しているという事実に全く気づいていない場合でも）可能なのです。

もし美的経験のいくつかの側面が（探り出したり探求したりするのが難しい）暗室と考えられるなら、この種の研究は、懐中電灯を提供するものだと理解されるでしょう。それが光を当てるところによって、より広い特徴が明らかになるかもしれないし、わかりにくい一部の狭い部分が照らされるかもしれません。どちらの場合も、音楽を聴くということは実際何なのかについてもっと理解したいと思っている人々にとって、追求したり向き合ったりする際に扱いやすい方法を提供しています。

急成長する神経美学の領域の研究者は、人が美的経験をしているときに働く脳の領野を見るためにｆＭＲＩを使用します。そして、これらの領野の活性化に依拠する他の課題を調べることによって、美的聴取の性質と範囲についての仮説を立てます。いくつかの研究は、美的処理には眼窩前頭皮質が関係するとしています。この領野は、さまざまな行為と関連させて予期された賞や罰を符号化するのを助け、常習的な行動の発達に役割を果たしています。二つの別々の課題を遂行しているときにこの領野が活動的であるからといって、基礎的な属性をともにもっているとは限りませんが、それは最初の仮説を提供します。この神経画像処理の研究は、多くの美的経験は、抽象的なかたちの冷静でよそよそしい熟考よりは、音楽がどんな社会的集団を代表するのか、リスナーがどのようにして音楽と関連しているのかといった問いのように、かなり自己に関連した査定に依存することが多いことを指摘していると受け取れるでしょう。そのような具体的かつ挑発的な最初の立ち位置からの研究によって、実証的アプローチは美的経験についての理論をより豊かにすることができるのです。

音楽の好み

音楽について多くを語ることをためらう人たちでさえ、好きな音楽と好きでない音楽の例をしばしば自信をもって挙げていくことができます。研究は多くの場合、音楽の特徴や経験される文脈を操作することによって、あるいは人々にその音楽をどれくらい好きか尋ねることによって、こうした好みを理解しようとしてきました。他の研究では、新しい要素をどれくらい頻繁に取り入れるか

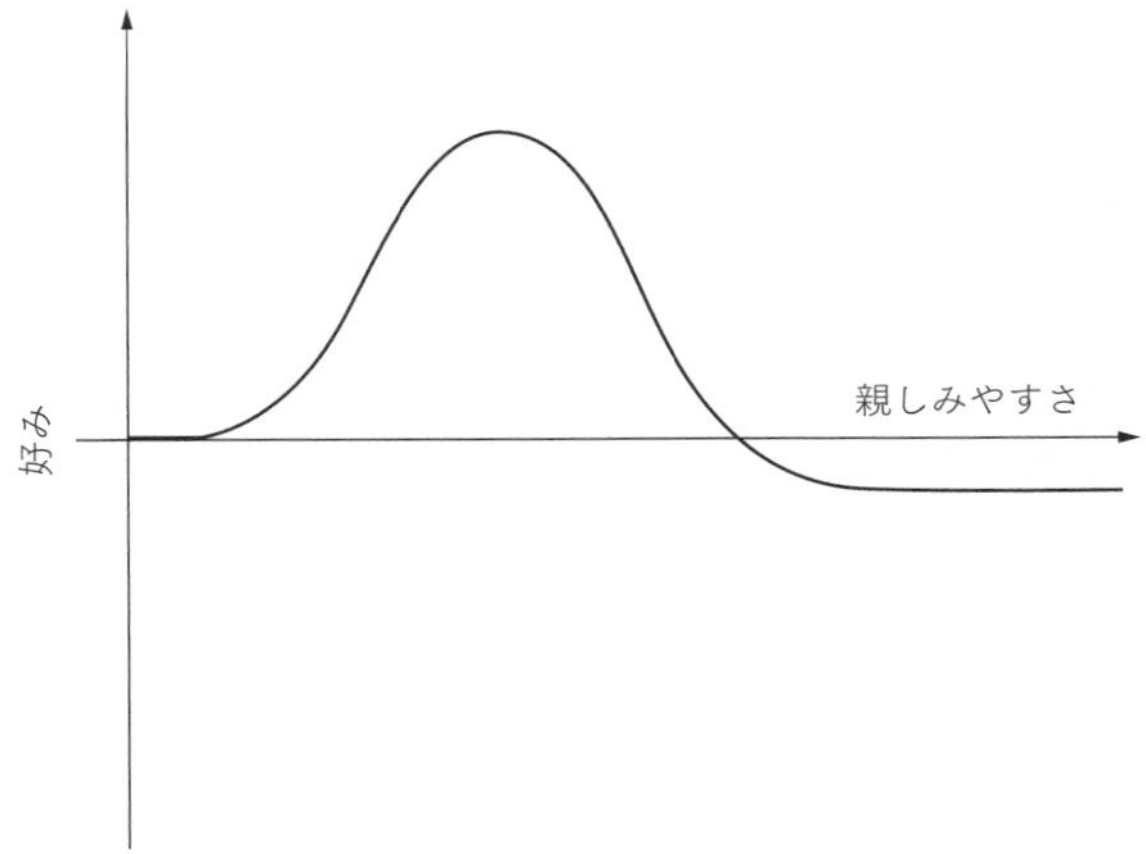

図９　歌の好みへの親しみやすさの影響をあらわす曲線
この逆Ｕ字曲線は、初めて聴いた歌をさらに聴くことで好きになる様子をたどっています。しかし、ある点を過ぎると、聴いた回数が増えるにつれて好きでなくなり、最終的に最初に聴いたときより好きでなくなることもあります。
［W. Wundt (1880). *Grundzüge der physiologischen psychologie*. より引用。］

といったように、音楽についての事柄を多様にして、聴く時間を好みの暗黙の測度と見なし、人は新しい曲に移るまでにどのくらい長く聴くのかを測定しています。

これらの研究は何度も、単純すぎず複雑すぎないという複雑さの一番いい場所（スウィート・スポット）を占めるような音楽を人は好むという考えを補強しています。一八七四年に最初に提案した心理学者Ｗ・ヴント[9]にちなんで名付けられたヴント曲線がこの傾向を図示しています（図9）。縦軸は、好み、好き、あるいは楽しみを示しています。横軸は、親しみやすさや複雑さをあらわしています。ラジオで流れる音楽を聴く習慣は、この曲線の軌道の好例です。ある曲がラジオで流れ始めた最初の数回は、次に自分のお気に入りの一曲が放送されることを望んで、人々は今や遅しとその新曲をやり過ごして待つかもしれません。しかし、放送局がその曲をトップ40の中に入れ、何度も何度も放送するにつれ、人はだんだん楽しむようになり、やがてピーク（逆U字であらわされる頂上）に到達します。その後、次第にその歌に飽き始め、好きでなくなり、最終的にその歌はラジオから流れなくなります。

この曲線の基本的な形は幅広い範囲の音楽経験をとらえる傾向にあるものの、曲線の傾斜度も頂点の高さも固定されていません。パーソナリティは、そこにある役割を果たしています。一般に「新しい経験への開放性」と呼ばれる属性の高い人たちは、より複雑な音楽を好み、好みの曲線は他のリスナーに比べて右の方に移動します。音楽専念尺度で高い得点を示す人は、そうでないリスナーよりも好みの曲線が上方に伸び、より高いピークでの楽しみの経験を定期的に維持します。

逆U字型の経路に影響を与えるのはパーソナリティだけでなく、その人のこれまでの生涯に聴取エピソードをもたらしてきた音楽経験も影響しています。キング・クリムゾン(10)の歌は、初めてそのジャンルを聴く人にとってはよそよそしく複雑に響きますが、プログレッシブ・ロックの熱狂的なファンにはすぐに消化しやすく聞こえるでしょう。ある人にとっては複雑に、他の人にとっては単純に聞こえるので、同じ歌に対する好みは、リスナーに多くの共通点がある場合でさえ、逆U字型の異なるポイントからスタートすることになるのです(11)。

（9） ヴィルヘルム・ヴント（Wilhelm Wundt, 1832-1920）：近代心理学の創始者。一八七九年、ドイツのライプツィヒ大学に実験心理学研究室を創設した。晩年は民族心理学を展開した。
（10） キング・クリムゾン（King Crimson）：イングランド出身のプログレッシブ・ロックバンド。

ある人の以前の音楽経験とその人のパーソナリティという生涯にわたる組み合わせは、全くの独立変数というわけではありません。なぜならパーソナリティはジャンルの好みに影響するからです。新しい経験への開放性が高い人は、クラシック、ジャズおよびメタルといったやや複雑とみられるジャンルを好む傾向にあります。外向的な人は、とりわけ曲のテンポが速くダンス向きの、ポップスのような伝統的なジャンルを好む傾向にあります。さらに、人々の好みは青年期に固まる傾向にあります。この時期は、最も多く音楽を聴くときであり、このように聴くことが彼らの急成長するアイデンティティの定義に特に関連しているときのように思われます。人生の後半になった大人にいろいろな歌について尋ねてみると、彼らは自分たちの青年期によく流れていた曲を好む傾向にあり、同じように自分たちの親の青年期に流れていた曲を好む傾向にもあります。おそらく親たち自身の一〇代の頃の音楽に対してのなかなか消えない強い好みが、家の中でそうした曲がより多く流れることにつながり、彼らの子どもはそうした歌に不釣り合いに触れることで、同時に新しい世代の好みが形成されるのでしょう。

音楽心理学者がヒット曲を書くのを助ける公式を考案できないだろうかと、人々はしばしば思います。しかし、音楽の好みはダイナミックな過程に大きく依存しています。歌を楽しむことは、その歌の内的な特徴からだけでなく、事前に何を聴いていたかや、類似した歌への親しみやすさ、パーソナリティ、そして人生の段階からも生じます。それがあたかも公式がもっともらしくないことの不十分な証拠であるかのように、他の数多くの研究は、好みを決定する際に音符の境界外の要因が果たす役割を立証しています。

弦楽四重奏の短い抜粋曲を、前もってその曲についての記述を読んだ上で聴いたリスナーは、読まない場合ほどその曲を好きになることはありませんでした。曲についてより多くを学ぶことは、結局はより豊かな経験につながりますが、明らかに短期的な欠陥を導くこともあります。音楽の音と言語的情報を統合するには、大変な努力が必要で、そのために不快かもしれません。解説はまた、リスナーがより客観的にじっくり考える姿勢も促すでしょう。その姿勢は、非常に快適な音楽経験の要素としてしばしば示される、想像的な参加といったたぐいのものとは正反対な立ち位置です。研究が続いていくことで、リスナーがこのように思慮深く距離を取ることなく洞察するという観点で、音楽を経験しつつ、知識をもっと楽々と統合することが可能になるでしょう。

情報の提示は、好みを超えた広範囲の効果をもっています。オーケストラのある抜粋曲を作曲家が幸せな理由で（たとえば、友人の到着を祝うために）書いたと聞いたとき、リスナーは、中立あるいは悲しい理由で（友人を失ったことを嘆くような）書いたと聞いたときよりも、その曲をより感動的だと考えます。あるパッセージを映画の悲しい場面あるいは中立的な場面を伴うサウンドトラックの一部であると聞いたとき、リスナーはそのパッセージをより悲しく響いていると考えます。音楽

（11） 逆U字型選好曲線に関する研究は、次の論文に見られる。K. K. Szpunar, E. G. Schellenberg, & P. Pliner (2004). Liking and memory for musical stimuli as a function of exposure. *Journal of Experimental Psychology: Learning, Memory and Cognition*, 30.2: 370-381.

の経験と音楽の好みは、音それ自体の特徴だけでなく、リスナーのひいきや以前の経験、同様にそれぞれの曲が聴かれる場面や文脈との複雑な相互作用に拠っているのです。

音楽の機能と動機づけ

人間文化において音楽には遍在性があると仮定すれば、何が人々の興味を動機づけているのかを問うのはもっともなことです。コンサートホールでの黙想を促進することから、教会でのコミュニティの結びつきを奨励することや、ジムでのエクササイズを鼓舞することまでの多岐にわたり、音楽の多様な使用は、単一の動機づけに反対し、さまざまな動機づけの分類の支持を主張します。この分類がどのようなものなのかをこころに描き始めるには、音楽が与えてくれる、あるいは可能にする経験はどんなものかという視点で考えることが役に立ちます。これらのカテゴリーの候補には、運動、遊び、コミュニケーション、社会的結びつき、情動、アイデンティティが含まれるでしょう。

運動（とりわけ協調運動）へ駆り立てる音楽の力は、ダンスで用いられるだけでなく、エクササイズでも用いられ、パーキンソン病の治療のようなさまざまなリハビリテーションの文脈、また農業や舟をこぐことのような同期性をもつ勤労の意欲を下支えしています。こうした力は、音楽を聴いている間の運動の活性化を神経画像が明らかにする前からよく知られていました。中世の教会は、世俗性を拒絶し、身体を関与させるような時間的規則性を避けるタイプの詠唱を規定しました。一方、競技ウェアの会社は、利用者が望むランニングペースに音楽を合わせられるアプリとそのプレイリストを考案しました。

音楽はまた、広く遊びとして用いられることもあります。羊飼いは、時間つぶしに歌を作り出します。複雑な芸術音楽の熱狂的ファンは、美的な熟考を優先します。音楽は、キャンプファイアの輪や、みんなで歌う場でのように参加者間の相互作用を促進したり、一人でいるリスナーの注意を集めたりすることができます。音楽がもたらす遊びの促進は、その進化の歴史において重要な役割を形成している（人々が音楽で安全な時を過ごすことで、悪さや危険から身を守っている）と理論化する人さえいます。

人々はまた、コミュニケーションする能力のために音楽に目を向けます。コンゴのムブティ族[12]は、歌を使ってかなり離れた所から位置情報を伝えます。カナリア諸島のゴメラ島の住人は、島の険しい山々を横切ってコミュニケーションするためにスペイン語の口笛バージョンを伝統的に使っています。オペラの中で人物や対象、考えをあらわすライトモティーフ[13]を使ったリヒャルト・ワーグナーの先例にならい、映画『スター・ウォーズ』では、デス・スターのテーマのようなパッセージ

(12) ムブティ族：アフリカのコンゴ民主共和国の複数のピグミー部族の総称。狩猟採集社会を築く、コンゴの最も古い先住民族の一つである。
(13) ライトモティーフ：オペラや交響詩などの楽曲中において特定の人物や状況などと結びつけられ、繰り返し使われる短い主題や動機のこと。

を、ある特定の情動の記憶を想起させるだけでなく、全く文字通りにデス・スターに言及するときにも使用します。

音楽の中心的機能の一つであり、その進化の起源についての理論の中で目立つものは、社会的結びつきです。音楽は世界中の儀式や式典で重要な役割を果たしており、親密に一緒にジャズを演奏する二人の間に交流の感覚を想起させることもあれば、イベントに参加している一〇万人の人々の間にも同様の感覚を想起させることができます。同じ時にその場に一緒に参加しているのだと元気づける力は、それが引き出す共有と接続の感覚にとって重要であると思われます。

音楽は、幅広い方法で情動を演出することもできます。人はたいてい、自分の気分を調整するために音楽に頼ります。この目的のためにあるのがプレイリストです。それは、スポティファイやその他のストリーミング音楽サービスに突然現れ始めました。「別れの悲しみをあなたが乗り越えるのを助ける音楽」とか「重要な会議の前にあなたの自信を高める音楽」を提供してくれるサービスです。音楽は、非常に荒れ果てた環境で生じる過剰な情動に火をつけたり、それを緩和させたりするのが得意です。映画やテレビは、この力をきちんとあてにしています。車が道路を走り去るといった当たりさわりのないシーンに伴う音楽を入れ替えることで、人がその車内の人を不吉と見なすか、陽気、あるいは悲劇的と見なすかを導くことができると、複数の研究が示しています。

最後に、音楽は個人あるいは集団のアイデンティティを生み出したり、定義したり、変更したりするのに役立つこともあります。たぶんこの機能は、高校生の社会的集団で最もよく例証されるでしょう。この集団は多くの場合、グループの好きな音楽によって少なくとも一部は特徴づけられます（ポップスに夢中なグループ対インディーズのファンやヘビメタ音楽ファンのグループ）。ある年の人気曲はその時代の象徴であり、人々と状況がそれに関連づけられています。教会の讃美歌への親しみやすさは、一種のコミュニティを定義します。プロテストソング[14]への親しみやすさは、また別のコミュニティを定義します。自分が誰であるかを伝えようとする方法として、人々はオンラインの出会い系サイトで自分のプロフィールに好きなバンドを挙げます。音楽の知識と好みからは、個人の特徴だけでなく、自分を形づくってきたコミュニティと時の足跡をたどれるのです。

(14) プロテストソング：政治的抗議のメッセージを含む歌の総称。

第8章

音楽心理学のこれから

多様なフィールドのさまざまに異なるルーツから、音楽の心理学はまとまりのある研究領域へと一体化してきました。しかし、音楽がもつ最も切実な不思議さのいくつかは、とらえにくいままです。何が良い演奏をつくるのかという問いを考えてみましょう。音楽の心理学は、それに答えることはできません。この現状は、この領域への告訴状と見なされるかもしれないし、将来的な可能性を描くものや、異なる方法で問われることからこの問いは利益を得るということの予告とみられるかもしれません。一つの答えとして数えられるものが、質の判断と特定の音響の操作とをつなぐ普遍的に適用できる公式です。もしそうなら、音楽の心理学で現在行われている研究は、その問いには答えられないことを最終的に示してきたと理解されます。比較的狭いコミュニティ（西洋クラシックのピアノ音楽の一流演奏家コミュニティのような）の中でさえ、どの演奏が良いのかについて、有意な不一致が存在します。「良い」に普遍的に適用できるスタンダードがなくては、どんな公式でも音響的なパターンと質をつなぐことはできません。むしろ、リスナーの背景と状況、演奏が生じる文化が考慮されなければならないのです。そのことが、この問いをよりおもしろいけれどもやりがいのある領域に推し進めます。

音楽心理学の研究は、すでにこの情勢のいくつかの輪郭線を描いてきました。たとえば、音楽を聴き判断する方法に、視覚的なチャンネルからの情報による基本的な貢献や、音が提示される文脈に力強いインパクトがある場合には、演奏で知覚された質は音だけでは査定できないということが示されてきました。音楽心理学が音楽の経験のある側面を研究し、試し、ある反応（質の判断のような）への十分な説明に失敗するたびに、問題の仕組みは少しずつ明確に定義されてきます。このようにして、音楽心理学は、実証的な方法で取り組むことができる人間の音楽経験の諸側面の限界を探究し続けます。科学の境界線にぶつかることによって、実験計画の試みと失敗なしでは公式化できなかった新しい問いを定義することができます。音楽に対する人間学的アプローチと科学的アプローチは、手をたずさえて前進することができ、それぞれが単独で到達できるよりも深い洞察をお互いに引き起こすのです。

音楽とビッグデータ

ビッグデータの力は、感染症の拡大の見通しや購買行動の予測など多様な領域で明らかになってきました。音楽心理学に関連するデータ（たとえば、楽譜の音符や演奏された音符の形態、聴かれた時間のデータ）は常に存在しましたが、大規模な解析が容易にできるようにコード化されたのは最近になってからです。五〇年前の研究者が、最初の大規模な跳躍進行[1]が、メロディの中でどれくらい離れて起こる傾向があるかを知りたいなら、その研究計画は紙とペンを手に非現実的な時間をかけて集計すること（総譜を一枚一枚めくり、その跳躍進行を注意深く調べ、それに先行する拍を数える）を必要

（1） 跳躍進行：次の音階が三度以上開いていること。

としたでしょう。今日では、同じ研究者が、広大な総譜や演奏のデータベースを徹底調査できるデジタル検索・操作ツール一式にアクセスすれば、一分以内に同じ問いに答えることができます。コーパス研究は、膨大な楽曲のリストの中にあるパターンを識別するために、デジタルの道具の力を活用します。一九六〇年代のヨーロッパのバイオリン奏者の録音は、一九六〇年代のアメリカのバイオリン奏者の録音とどう違うのでしょうか。一九九〇年代の東海岸のヒップホップと西海岸のヒップホップではどんなスタイルの様相を区別できるのでしょうか。デジタル・ツールは、これらの問いに対し、具体的で刺激的な洞察を即座に提供することができます。その洞察は、広い人文科学的探究との協力の上で、これらのスタイルとそのスタイルが発展してきた文化との間の関係のより豊かな説明を推進できるものです。

ほとんどの行動研究とは違い、コーパス研究は参加者を必要としません。研究のために募集した人々のサンプルの反応を測定する代わりに、すでに存在している情報（たとえば、人々が以前作曲したり演奏したりした音）を、それらを形づくっている認知過程についての何かを理解するために分析します。しかし、コーパス研究の結果から、人間の参加者を使用する新しい実験を触発することがあります。たとえば、コーパス研究が、カントリーやロックやポップスのようなジャンルに最も共通する特徴を識別するかもしれません。ジャンルの知覚を理解するために、その後の実験では歌からこれらの特徴を加えたり取り除いたりする操作をし、変更された抜粋曲をジャンルで分類するよう参加者に求めるでしょう。このようなシナリオでは、コーパス研究と行動研究は、お互いに協力して、音楽スタイルの知覚といった広いトピックスを明らかにします。

コーパス研究が典型的に明らかにしてきた特徴には、例を挙げるなら、音楽のテクスチュア（質感）における一番低い二つの声部に最もよく見られる音程に対して、一番高い二つの声部に最もよく見られる音程といったものがあります。これは、低い周波数と高い周波数とでピッチ間隔を解消するのに耳の異なる能力を使っているという、基本的な知覚原理に由来していると理解されます。文化的な影響が変化すると様式から様式へ変動することが見られます。コーパス研究は、どのように様式が発展してきたかという問いに対する回答にとりわけ成功してきました。一八八〇年代のウィーンで作曲された音楽と、一八五〇年代あるいは一八一〇年代のウィーンで作曲された音楽とで、音がどのように違うかといった問いです。

コーパス研究は、時代を超えて、作曲の流行の出現と消失を跡づけることができます。たとえば、ポップ・ミュージックにおけるオート・チューン(2)の始まり、ピーク、減衰や、西洋クラシック音楽における減七の和音の使用の始まり、ピーク、減衰です。年ごとに減七の和音の使用の統計と知覚された表現の特質の現代的な説明とを組み合わせることにより、その推移が識別されます。減七の和音が珍しかったときには、それは神秘や危険の印象を伝える表現豊かで強烈な音でした。しかし、作曲家がその情動的な揺れを利用しようとそれをますます用いるようになると、その表現力豊かな

（2）　オート・チューン（Auto-Tune）：アメリカのアンタレス・オーディオ・テクノロジーズ社が製造・販売する、音程補正用ソフトウェア。

光沢は色あせ、効果的ではなくなり、最終的にはありふれたものになりました。統計による減七の和音の受容の歴史は、音楽の表現性には期待違反が貢献するという考えを支持しています。こうした和音は、珍しいときにはリスナーを効果的に惹きつける傾向にありましたが、より一般的になるとその表現力を手放すことになったのです。

しかし、ずっと以前に作曲されたり録音されたりした音が、音楽心理学に関するビッグデータの唯一のタイプではありません。たぶん最も手が届かなかったデータセットは、人口の大多数の日々の音楽の使用とその文脈、その反応の詳細な説明でしょう。最近まで、これを達成するのはかなり不可能と思われていました。しかし現在、世界の人口の約七五%は携帯電話を使用しており、これらの電話の機能の数が増加し、音楽プレーヤーとしても機能するようになりました。スポティファイ、パンドラ、アップル・ミュージックのようなサービスを使って、音楽を再生することもできます。これらの電話は、GPSの追跡機能を搭載していることが多く、デジタル・マップからの豊富な情報に重ねて、人々が音楽を家の中で、ジムで、または散歩中に(もしそうなら、どんなペースで)聴いているのかを記録することができます。人々が聴いている時刻や、同時に使用している他のアプリも記録できます。

あたかもこれでは十分ではないように、携帯電話は多数の生理学的センサーを使用し始めています。心拍数のモニターをはじめとし、最終的には電気皮膚反応(情動的喚起の間に生じる汗腺活性化)や呼吸数といった現象の継続的な測定を提供するさまざまな器具へと拡張しています。情報を行動と情動反応とに関連づけることで、数多くの人がどんな音楽をいつ、どこで聴くかについての情報を利用できるような将来を想像するのは容易です。この巨大なデータの蓄積によって、音楽心理学者は実験室で挑戦しようとしている音楽やその取り組み方や文脈についての問いに答えることが可能になるでしょう。実験室では、聴取の経験が彼らが深く根ざす現実世界との関連の大部分から切り離されたところで生じているからです。しかし、この尺度は他の調査と同じように、プライバシー、解釈、公平さについての重要な問題を生じます。音楽の心理学の歴史は、この種の落とし穴があちこちにあることを示しています。

携帯電話から集められたデータは、以前なら得ようにも高価で骨の折れる種類の縦断的な証拠も提供してくれるでしょう。過去に、音楽の好みや能力が長い年月をかけてどのように変化するかを理解しようとした科学者は、数多くの参加者を登録し、一年中絶え間なく研究室に来てくれるよう金銭的報酬で誘わなければなりませんでした。報酬があるにもかかわらず、このような研究は、高い脱落率に苦しみました。しかし、そうすることが必要なすべての参加者が携帯電話を持ち歩き、いくつかの情報を研究者が得ることに同意するなら、複数年の研究はかなり実現可能になります。

あたかもこうしたねらいが十分に壮大ではないかのように、グーグル社の科学者と技術者はビッ

（3）　ＧＰＳ（global positioning system）：人工衛星を駆使した地理情報計測システムの名称。

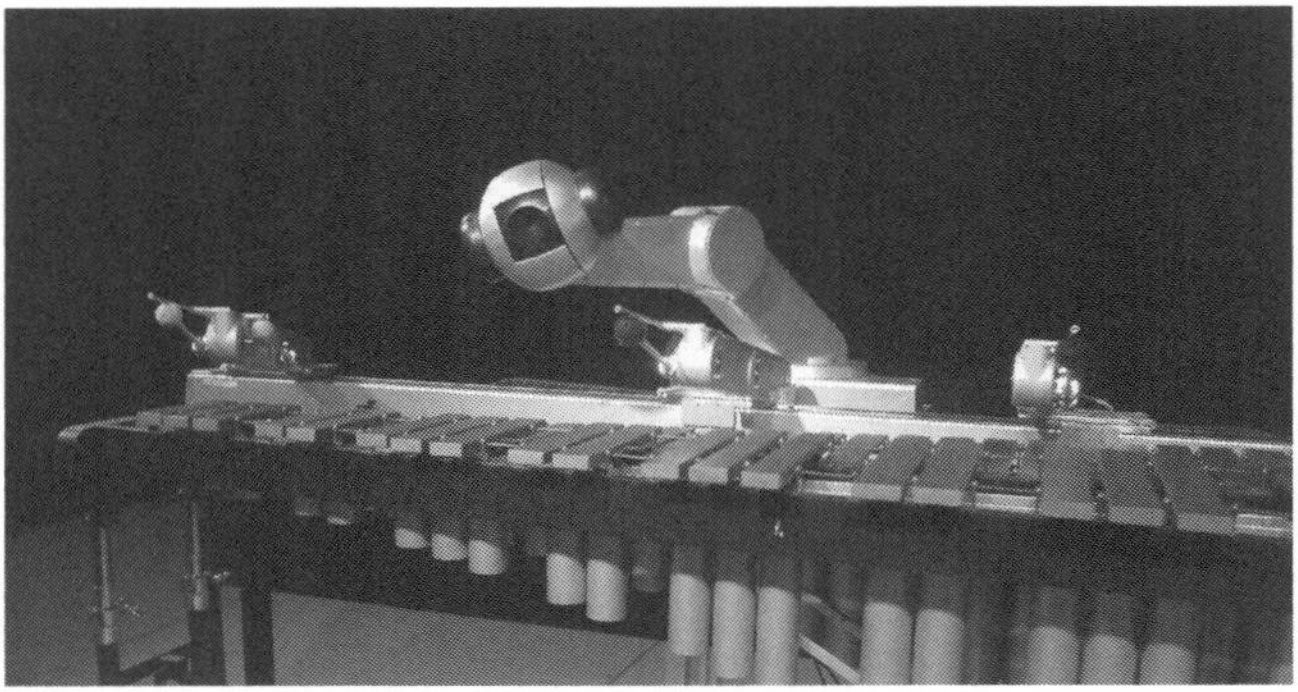

図 10　シモン――マリンバを演奏するロボット

G. ワインバーグによってデザインされたマリンバを演奏するロボットのシモンは、人間の演奏者とのジャズの対話を即興で演奏します。彼らの演奏を聴いて、音楽的反応を即座につくり出します。
［G. Weinberg］

グデータを利用して、機械が生成した説得力のある音楽を創造しようと試みています。彼らのプロジェクトは、「マゼンタ」と呼ばれます。(4) このプロジェクトでは、チューリング・テストの音楽版にパスすることを目指し、機械の知能を利用して今ある音楽を分析し、結果として得られた洞察をもとにそれ自身の新しい作品を生み出そうとしています。元々のチューリング・テストは、機械の思考能力の究極のテストは、入力された会話のやりとりで人間としてなりすませるかどうかであると提案しました。一方でグーグルの目的は、いつか機械が人間になりすまして歌を書けるようになるのを見ることです。マゼンタの進捗は、オンラインで追跡することができます。今はジミ・ヘンドリックス(5)と間違えることはないほどですが、今後数年の間にその演奏が非常に向上することはありそうです。

発明家のギル・ワインバーグは、ジョージア工科大学で類似した機械知能戦略を用いて、音楽家ロボットを作りました。ロボット・マリンバ奏者であるシモンに、人間のパートナーの演奏を聴かせ、納得のいく即興の反応を示せるよう訓練するために、セロニアス・モンクの演奏の統計的分析が使用されました。これとは別に、彼はスティックを持つ人工の第三の腕を作りました。ドラマーが部屋で音楽にいつでも適応して即興の演奏を補強するために着用できるものです。実質的に、この装置によって音楽家はサイボーグの演奏感覚を経験できます。そこでは、音楽家は起きていることのいくらかをコントロールし、人工の腕が残りをコントロールします。多くの音楽家は、自分の手が時々（明示的なことばで計画したり概念化したりする間もなく、まさにちょうどの音符のシークエンスに向かって彼らの指が飛ぶような場合に）自分の頭以上のことを「知っている」ように思うと、一種の体得された知識について述べます。そのため、スティックにコントロールの一部を引き渡す経験は、気味の悪いものでしょう。

（4） チューリング・テスト：アラン・チューリング（Alan Turing, 1912-1954）が一九五〇年に提案した、ある機械が「人間的」かどうかを判定するためのテスト。
（5） ジミ・ヘンドリックス（Jimi Hendrix, 1942-1970）：アメリカのギター奏者、シンガーソングライター。

頭から離れない曲と音楽の記憶

二〇〇〇年以降、頭から離れない曲という現象に関して多くの研究が発展してきました。いわゆる「頭から離れない曲（earworms）」は、少なくとも一週間に一度、九〇％以上の人々に影響を及ぼし、歴史の記録は現代の録音技術の始まりよりも前から存在していることを示しています。しかし、歌を繰り返し聴くことと最近よく流れていることが、最も頭から離れない曲の二つの予測因子であるため、たびたびの再聴取を可能にする技術が、おそらく蔓延を増大させたのです。

頭から離れない曲は、意志のコントロール外で、人々の頭の中で何度も何度も演奏される短いメロディの断片で構成される傾向にあります。頭から離れない曲は、たぶん音楽が人々をつかむのに最良の方法での実演を提供しています。本当にただ机の前に座っているときや、音楽が本当に全く演奏されていないときでさえ、あたかも想像上その音楽に参加していると感じるようにさせるのです。今後数年間、心理学者は最近の研究を足掛かりに、何がそんなに音楽をこの回路の起動に適したものにするのか、また何が一部の音楽を他のものより良いものとするのかを理解しようとするでしょう（人々は一貫してカーリー・レイ・ジェプセンの(6)「コール・ミー・ベイビー〔*Call Me Maybe*〕」やディズニーの「小さな世界〔*It's a Small World*〕」のようなある特定の歌を、とりわけ頭から離れないと評価します）。

また、頭から離れない曲は、不可解な記憶の働きを特によく明らかにしてくれます。それらはかなり遠回しな方法で引き金になります。たとえば、映画の登場人物ガストン(7)に漠然と似ている誰かのポスターをちらっと見かけたことが、三〇分後に「誰もガストンのように戦わない」という歌詞が激しく襲ってくる引き金になります。特にハッピーな午後だと気づいたことが、ファレル[8]の曲が思いがけずこころの中で再演されることにつながるのです。

同じように驚くべきことは、何十年も聴いていなかった歌の全編が、その歌のことが話に出たときに細部にわたってドッと流れ出てくることです。その歌があったことすら覚えていなかったのに、その音楽のすべて、その時のすべての記憶を貯蔵しているようなことが、どのように可能なのでしょうか。音楽の記憶のこうした離れ業は、他のタイプの情報への有益な伝達手段を提供します。大学生がしばしば『アニマニアックス』[9]の歌を子ども時代に聴き続けたおかげで、世界のすべての国の名前を今でも挙げていけることに気づいて、その発見にうれしくなるのと同じです。マーケティング会社は、常にこの力を最大限利用しています。人のこころをつかむメロディのワゴンに、望みのメッセージを結わえつけるように（「ちょっと休憩……」[10]）。

（6）カーリー・レイ・ジェプセン（Carly Rae Jepsen, 1985- ）：カナダのシンガーソングライター。

（7）ガストン：一九九一年公開のディズニーの長編アニメーション映画『美女と野獣』の登場人物。「誰もガストンのように〜」は劇中歌「強いぞ、ガストン（*Gaston*）」の歌詞。

（8）ファレル・ウィリアムズ（Pharrell Williams, 1973- ）：アメリカの男性音楽プロデューサー、歌手、MC。

（9）『アニマニアックス』（*Animaniacs*）：アメリカで一九九三年から一九九八年の間に放送されたテレビアニメ。ハチャメチャなワーナーキッズの長男ヤッコ、次男ワッコ、末っ子ドットが騒動を繰り広げるストーリー。

これらの効果は、フレーズのように個々のグループの中で、所定の順で事象が次々と続くといった一つの流れとして貯蔵されている音楽の傾向に依存しています。人は多くの場合、あるグループの最初からスタートし、音楽のパッセージの後半部分の記憶にしかアクセスすることができません。ひとたびそれを思い出し始めたら、多くの場合、グループの最後に到達するまでそれを止めることができません。たとえば、「リング・アラウンド・ザ・ロージー」(11)で「fall」と歌われる部分の音符について考えたいとしたら、「fall」を得るために「we all」から始めなければならないし、「down」へと続くことに抵抗するのはなかなかできません。

会話も、正しいテンポで次々に来る音響的な事象から成り立っていますが、人がそれを同じように思い出すことはありません。会話を再生するよう求められると、人は特定のことばを再現しないで、言われたことの基礎的な内容をとらえる要約を話す傾向にあります。しかし、歌を再生するよう求められると、人は実際の曲を、一音一句全く同じように歌う傾向にあります。事実、音楽の要約はどう見え、どう響くかを想像することは難しいのです。音楽の記憶は本来、かなり忠実な傾向にあります。人は歌を想像するよう求められると、ほぼ正しいピッチとテンポで想像する傾向にあります。今後の数年間で、音楽心理学の研究は、きわめて詳細に音楽の記憶の基礎にある回路を理解するために、神経科学の力をますます利用するようになるでしょう。

異文化間アプローチ

心理学の研究は通常、一般的な母集団の代表として意図された小集団の人々の標本の研究に依拠しています。研究者は標本内で見られた効果が、より大きな集団に一般化できる確からしさを査定するために統計学を用います。しかし、実際の制約のために、心理学研究のほとんどの協力者は、西洋の大学の学生です。にもかかわらず、これらの研究の結果は多くの場合、広く解釈された人間の認知を代表するものと受け取られています。

協力者として西洋の大学の学生に偏って依存していることに加え、音楽心理学は刺激として西洋のクラシック音楽に偏って依存している傾向にあります。その領域は、人間の音楽認知を理解するために特定の文化経験をもつ部分集合から一般化しているのみならず、世界の音楽の一切片からの一般化だと非難されるでしょう。

ほとんどの場合、これらの限界は、研究コミュニティの側の故意の過失から生じているのではありません。むしろ、一連の社会的・組織的な要因がこの方向に研究を押しやるよう企てたのです。第一に、多くの音楽心理学者はクラシックの音楽家として育ちました。クラシック・ギターやピア

(10) “Gimme a break....”：ネスレ社のチョコレート菓子 KitKat のCMソングに用いられたフレーズ。
(11) 「リング・アラウンド・ザ・ロージー」（*Ring Around the Rosie*）：数人で手をつなぎ輪になって回り、歌詞の「We all fall down」という部分で一斉に倒れたりしゃがんだりする遊び歌。

ノから音楽界の玄関ホールに入るとりわけ使い古された道があるのです。音楽心理学のような学際的な仕事は、多様な領域を修得している実践家を必要とします。西洋のシステムでの専門知識をすでに身につけた多くの学者は、新しい音楽の領域について学ぶよりはむしろ、認知科学の道具と技術をもってこの知識を統合することにとりかかっています。

音楽という学問の既存部門は、その状況を助けてきませんでした。非西洋音楽の研究は、民族音楽学と呼ばれる学問分野の文脈で行われる傾向にあり、残念ながらそれらの会議、雑誌発行、プログラムが音楽学とは交わることなく行われることもあります。人間文化の産物として音楽を理解することに取り組んでいる民族音楽学者は、必ずしも心理学の学問分野に夢中なわけではなく、心理学はその道具と方法論のもつ文化的に構築された性質について、十分に注意を払っていないと見なす場合もあります。

音楽心理学者は一般的に、人間のこころを照らす手助けとするために異文化間研究に注目していますが、民族音楽学者はこころを人間文化の産物だと見なす傾向にあり、文化間比較は問題があると解釈しています。異文化間研究は、多様な言語と音楽システム、さまざまな認知科学の学問分野における専門知識はもちろん、旅行のために多くの時間と資金を必要とします。音楽の側の専門知識をもった人々と心理学の側の専門知識をもった人々では、人間のこころに関して、特定のタイプの研究による影響の受け方が根本的に異なる傾向にあるため、この種のプロジェクトを効果的な協力チームにまとめるのは難しいことです。チームが集まることができたとしても、確立された専門分野の隙間に落ちる研究は、資金を得るのが難しい場合もあります。どちらか一方の観点だけを扱う機関は、提案をその学問領域の中心的なものではない、あるいは十分な代表ではないと見なすためです。にもかかわらず、大きな問いに取り組むために学問領域の境界を越える必要性が広く認識されるにつれ、この研究は道を見つけ始めています。

成功した異文化間比較の研究は、言語化に頼らない課題を考案し、「音楽」に正確に翻訳される語が存在しない場所でさえ、実験を可能にしています。N・ジャコビィと同僚は、アメリカ人とボリビアの辺境に住むチマネ族のリスナーにおけるリズムのバイアスを明らかにするために、携帯電話の音楽ゲームを使いました。[12] その研究の参加者は、無作為に発生されたリズムを聞いた後、そのリズムをコツコツと叩くよう求められました。このコツコツと叩く反応は録音され、再生されました。再び、参加者はそれを聞いてコツコツと叩くよう求められました。聞いて叩くことを何度も繰り返していくと、人々が生み出すリズムは、どのように音が典型的に進むかについての基礎的な期待を反映する傾向にありました。アメリカ人とチマネ族のリスナーの両方にとって、これは単純な整数比からなるリズムに収束していくことを意味しました。興味深いことに、どちらの文化に属するリスナーも単純な整数比に落ち着くのですが、二つのグループが好む特定の比は体系的に異なっ

（12） アメリカとチマネ族のリスナーにおけるリズムのバイアスについての研究は、次の論文。N. Jacoby & J. H. McDermott (2017). Integer ratio priors on musical rhythm revealed cross-culturally by iterated reproduction. *Current Biology*, 27.3: 359-370.

ていました。アメリカ人のリスナーは、西洋音楽に共通してみられる比を生み出し、チマネ族のリスナーは彼らの音楽に共通してみられる比を生み出したのです。

この研究は、独立して音楽を発展させてきた二つのグループに対して、どちらにも単純な整数比に向かうバイアスがあることを識別しました。とりわけまわりの音楽文化で典型的に聞かれる比の方に向かうバイアスです。リズムの好みに与えるまわりの音風景の影響は、互いの独立性が少ない文化の中でも同様に確立されてきました。個々の音調を異なるリズムでグルーピングしたものから選ぶように求められると、言語のリズムの違いを反映して、生まれつき日本語を話す人は、長－短のグループを好み、生まれつき英語を話す人は、短－長のグループを好みます。人はたぶん、自分たちの音楽や言語で通常聞いている比は、言語的には識別することはできないけれども、このような実験の設計がその能力に対する暗黙の証拠を提供してくれます。それは、文化の境界を越えて認知を研究する有力な道具となるのです。

自然科学、人文科学、芸術のかけ橋

音楽心理学は、芸術、人文科学、自然科学の間の好奇心をそそる関係の中にその地位を占めています。一九八〇年代から、こうした領域の専門知識をもった人々が、アイディアを交換したり、協働したり、研究を計画したりして関係を深めてきました。多くの点で、それは知の最先端でした。

学際的な進展が専門領域を超えて到達する価値が、学術研究の世界で広く認識される前に生じていたのです。

しかし、発見と対話への可能性はさらに大きいものです。自然科学の知見は、敏速に大衆紙で取り扱われますが、人文科学の研究は、安易な要約化にしばしば抵抗し、公共の場に翻訳されるのも多くの場合、遅くなります。ものごとをより不均衡にするために、自然科学、とりわけ神経科学は、他の知的な仕事にいつも拡張できるとは限らない権威をもっていると見られています。

自然科学の受容と人文科学の受容の間の全体的な不釣り合いは、音楽心理学の成長する力に影響します。伝統的な誘因が多くの場合、自然科学に不釣り合いな報酬を与えます。音楽性について自然科学は、厳しい人文科学のインプットを反映した微妙な注意深い説明よりも簡単な主張をするのです。その領域の道具がますます洗練されていくことで、理論的発見を進展させるよりもむしろ有力な仮説を支持するよう整理されるだろうという危険性は存在します。

これらの新しい道具の中で最も目を奪うものの一つは、狭苦しい地下の研究室から、現実世界の演奏スペースへと研究を持ち出します。世界中のいくつかの研究所は、モーション・キャプチャー、EEG、生理学的センサーを装備した特別なコンサート・ホールをもっています。各座席には聴衆反応を測るタブレットを置き、空間の音響的特徴を操作できる技術を備えています。このような施設は、心理学者が研究したいある種の音楽的経験を、リスナーにさせることをはるかに容易にします。明かりの消えたホールでライブ演奏される音楽を聴くことは、蛍光灯のもとで、防音ブースの中でヘッドフォンを通して聴くことでは容易には得られない魅惑的な出来事になるはずです。

クラシック・コンサートの聴衆は通常、彼らの感情、判断、反応の行動的な証拠をそれほど多くは提供しません。深遠で変革的な聴取経験をしている人たちは、頭の中で食料品の買い物リストを練っている人たちと同じ程度に、静かに座っています。手のひらの汗から、胴体の揺れ、神経活動まで、測定できるものすべてを微妙に測定する場を提供することによって、こうした機器を備えたコンサート・ホールは音楽的処理の隠された側面を明らかにするという、興味をそそられる機会を与えてくれます。

しかし、これらの施設が保証してくれるものを利用するために、研究者は音楽と音楽的行動についての、持続的な思慮深さを反映する問いと理論を発展させなければなりません。世界中の音楽的実践の専門知識をもった多様な声が、これらを公式化するために団結しなければなりません。音楽の力についての直接の説明が聞かれなくてはならないし、研究デザインに折り込まれなくてはならないのです。そのために、情動的な経験は単に幸せだとか悲しいとかに分類されるのではなく、評価は好きか嫌いかを超えて広がるでしょう。音楽の表現の豊かさの内的な働きについて演奏者がもつ専門知識から、タイミングと知覚に関する実験が形づくられるよう認められなければなりません。研究者は、音楽行動の豊かな記述的特徴と、それらを研究するのに必要な厳しく統制されたデザインとの間を、流動的に行ったり来たりしなければなりません。

事実、この相互に影響し合う力と柔軟な思考は、音楽心理学の詳細を超えて、二一世紀の幅広い挑戦にとってきわめて重大なようです。自然科学と人文科学の間の思考に研究室を提供することにより、音楽心理学は、基礎的な人間の属性である音楽性を理解するのを助けながら、自分自身の学問分野の境界を越える革新に火をつけることができるのです。音楽性とは、私たちのアイデンティティ、私たちの奇抜さ、私たちの他者を理解する能力につながる鍵なのです。

訳者あとがき

本書は、Elizabeth Hellmuth Margulis, The Psychology of Music: A Very Short Introduction（New York: Oxford University Press, 2018）の全訳です。著者のマーギュリスは、執筆当時はアーカンソー大学の教授で音楽認知研究所の所長でした。二〇二一年現在は、プリンストン大学音楽学部教授を務めています。On Repeat: How Music Plays the Mind（New York: Oxford University Press, 2013）という著書で、音楽理論学会からワラス・ベリー賞を得ています。

副題に「とても短い紹介」とあることから気軽に訳し始めました。ところが、著者の流暢で息の長いフレーズに慣れるには、結構大変でした。この本を手にしたのは二〇一九年末です。その後二〇二〇年にコロナ禍が始まり、この本を翻訳することで、自宅での自粛生活がある意味充実したものとなりました。

私の手元に、音楽心理学懇話会編『音楽心理学年報』（一九七八）があります。また、武蔵野音楽大学音楽療法研究会・音楽心理学懇話会音楽療法部会編『音楽療法研究年報　第七巻』（一九七八）があります。今から四〇年以上前にこうした活動があり、私もその会に参加していました。まだ、大学院博士後期課程の学生の頃でした。梅本堯夫先生や桜林仁先生のお姿を思い出します。その後、何度か音楽心理学懇話会の片隅に参加していました。しかし、自分の研究分野である「児童の道徳性の発達過程」の研究に没頭することとなり、やがてその会に参加するのは疎遠になってしまいました。それでも、隠れ会員であり、隠れファンでした。

私自身は、アマチュアの演奏家であり続けました。中学生の頃に始めたトランペットは、高校、大学、大学院と続けました。中高校生のときは吹奏楽部、大学以降は交響楽団で演奏していました。現在勤務している大学で吹奏楽団をゼロから立ち上げ、二六年間にわたり毎年定期演奏会を開催してきました。今では、数曲指揮をするだけですが、コンサートホールの指揮台に立っています。スコア・リーディングが趣味で、自宅の本棚にはかなりのクラシック音楽のスコアがあります。

この数年、日本の音楽心理学の発展は目覚ましいものがあります。

二〇二〇年には、大串健吾・桑野園子・難波精一郎監修、小川容子・谷口高士・中島祥好・星野悦子・三浦雅展・山崎晃男編集『音楽知覚認知ハンドブック――音楽の不思議の解明に挑む科学』（北大路書房、二〇二〇）が刊行されました。日本の音楽心理学の現状を知るには必読の書です。今回の訳出にあたって、私もずいぶん助けられました。

順不同ですが、私の本棚には、以下の本があります。

谷口高士編著『音は心の中で音楽になる――音楽心理学への招待』北大路書房、二〇〇〇
重野純『音の世界の心理学（第二版）』ナカニシヤ出版、二〇一四
星野悦子編著『音楽心理学入門』誠信書房、二〇一五
S・マロック＆C・トレヴァーセン編、根ヶ山光一・今川恭子・蒲谷槙介・志村洋子・羽石英里・丸山慎監訳『絆の音楽性――つながりの基盤を求めて』音楽之友社、二〇一八
大串健吾『音響聴覚心理学』誠信書房、二〇一九
今川恭子編著『わたしたちに音楽がある理由――音楽性の学際的探究』音楽之友社、二〇二〇

この数年の間に、本当に多くの研究成果がまとめられるようになり、隠れファンとしては、うれしい限りです。なお、古典的な書物として、はずせないものは以下の二点です。

梅本堯夫『音楽心理学』誠信書房、一九六六
波多野誼余夫編『認知科学選書12　音楽と認知』東京大学出版会、一九八七（新装版〔コレクション認知科学8〕、二〇〇七）

音楽は日常の生活の中に、ごく自然にあります。その楽しみ方は、一つではありません。奥深い

広がりがあります。今後もその世界を楽しみたいと思っています。

本翻訳書の出版にあたり、福村出版株式会社の宮下基幸社長には、翻訳権の取得に始まり、出版に至るまで、わがままを聞いていただきました。また、同社編集部の佐藤珠鶴さんには上梓にあたり装幀などのアドバイスを、フリーエディターの吉澤あきさんには訳文の丁寧な校正をしていただきました。ただただ感謝あるのみです。記して謝意を申し上げます。

二〇二一年九月

二宮克美

Margulis, Elizabeth Hellmuth. *On Repeat: How Music Plays the Mind*. New York: Oxford University Press, 2014.

Mithen, Steven. *The Singing Neanderthals: The Origins of Music, Language, Mind, and Body*. Cambridge, MA: Harvard University Press, 2007.

Patel, Aniruddh D. *Music, Language, and the Brain*. New York: Oxford University Press, 2007.

Patel, Aniruddh D. *Music and the Brain*. Chantilly, VA: The Great Courses, 2016.

Powell, John. *Why You Love Music: From Mozart to Metallica—The Emotional Power of Beautiful Sounds*. New York: Little, Brown, 2016.

Sacks, Oliver. *Musicophilia: Tales of Music and the Brain*. New York: Knopf, 2007.

Sloboda, John. *Exploring the Musical Mind: Cognition, Emotion, Ability, Function*. New York: Oxford University Press, 2005.

Tan, Siu-Lan, Annabel J. Cohen, Scott D. Lipscomb, and Roger A. Kendall, eds. *The Psychology of Music in Multimedia*. New York: Oxford University Press, 2013.

Tan, Siu-Lan, Peter Pfordresher, and Rom Harré. *Psychology of Music: From Sound to Significance*. New York: Psychology Press, 2010.

Thaut, Michael H. *Rhythm, Music, and the Brain: Scientific Foundations and Clinical Applications*. Abingdon, UK: Routledge, 2005.

Thaut, Michael H., and Volker Hoemberg, eds. *Handbook of Neurologic Music Therapy*. New York: Oxford University Press, 2014.

Thompson, William F. *Music, Thought, and Feeling: Understanding the Psychology of Music*. New York: Oxford University Press, 2014.

参考文献

Ashley, Richard, and Renee Timmers, eds. *The Routledge Companion to Music Cognition*. Abingdon, UK: Routledge, 2017.

Hallam, Susan, Ian Cross, and Michael Thaut, eds. *The Oxford Handbook of Music Psychology*. Oxford: Oxford University Press, 2016.

Hargreaves, David, and Adrian North. *The Social Psychology of Music*. New York: Oxford University Press, 1997.

Honing, Henkjan. *The Origins of Musicality*. Cambridge, MA: MIT Press, 2018.

Huron, David. *Sweet Anticipation: Music and the Psychology of Expectation*. Cambridge, MA: MIT Press, 2006.

Huron, David. *Voice Leading: The Science behind a Musical Art*. Cambridge, MA: MIT Press, 2016.

Jourdain, Robert. *Music, the Brain, and Ecstasy: How Music Captures Our Imagination*. New York: William Morrow, 2008.

Koelsch, Stefan. *Music and Brain*. New York: Wiley-Blackwell, 2012.

Lehmann, Andreas C., John A. Sloboda, and Robert H. Woody. *Psychology for Musicians: Understanding and Acquiring the Skills*. New York: Oxford University Press, 2007.

Levitin, Daniel J. *This Is Your Brain on Music: The Science of a Human Obsession*. New York: Plume/Penguin, 2007.

London, Justin. *Hearing in Time: Psychological Aspects of Musical Meter*. New York: Oxford University Press, 2012.

Mannes, Elena. *The Power of Music: Pioneering Discoveries in the New Science of Song*. New York: Walker, 2011.

ま　行

や・ら 行

な　行

は　行

た　行

さ　行

か　行

事項索引

アルファベット略称

あ　行

人名索引

あ・か 行

さ・た 行

な・は 行

ま〜わ 行

〈著者紹介〉

エリザベス・ヘルムス・マーギュリス

（Elizabeth Hellmuth Margulis）

アーカンソー大学音楽認知研究所の所長・特別教授。音楽知覚認知学会会長（原書出版当時）。著書 *On Repeat: How Music Plays the Mind*（New York: Oxford University Press, 2013）で、音楽理論学会ワラス・ベリー賞、ならびに米国作曲家作詞家出版者協会ディームズ・テイラー／ヴァージル・トムソン賞を受賞。彼女の研究は、アメリカ国立科学財団から支援を受けている。

現在はプリンストン大学音楽学部教授で音楽認知研究所を主導している。

〈訳者紹介〉

二宮克美

（にのみや・かつみ）

愛知学院大学総合政策学部客員教授。名古屋大学大学院教育学研究科教育心理学専攻博士後期課程満期退学。教育学博士。専門は道徳性・社会性の発達心理学。最近は「音楽」の発達心理学を研究テーマに勉強中。趣味はスコア・リーディング。中学から音楽演奏活動を始め、現在も学生と一緒に演奏活動に参加。アマチュア演奏活動歴 55 年。

主な著書に、『エッセンシャルズ 心理学　第 2 版』（共著、福村出版、2021）、『ガイドライン学校教育心理学』（共著、ナカニシヤ出版、2016）、『パーソナリティ心理学ハンドブック』（共編、福村出版、2013）など。

音楽心理学ことはじめ
音楽とこころの科学

2022年1月25日　初版第1刷発行

著　者　エリザベス・ヘルムス・マーギュリス
訳　者　二宮 克美
発行者　宮下 基幸
発行所　福村出版株式会社
〒113-0034　東京都文京区湯島2-14-11
電 話　03（5812）9702
FAX　03（5812）9705
https://www.fukumura.co.jp
印刷・製本　中央精版印刷株式会社

Printed in Japan
ISBN978-4-571-21042-6　C3011